# PPP融资模式下
## 运营商努力的激励路径研究

曹君丽 著

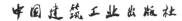

#### 图书在版编目（CIP）数据

PPP融资模式下运营商努力的激励路径研究 / 曹君丽著 . —北京：中国建筑工业出版社，2022.4
ISBN 978-7-112-27292-1

Ⅰ.①P… Ⅱ.①曹… Ⅲ.①政府投资－合作－社会资本－研究－中国②企业管理－运营管理－激励制度－研究 Ⅳ.①F832.48②F124.7③F273

中国版本图书馆CIP数据核字（2022）第061023号

本书共分为7章内容。首先，基于国内外研究梳理了PPP融资、运营商努力的激励及两者关系的相关成果，又从基础理论视角阐述了PPP内涵与运营商的界定，结合国内外PPP模式发展的数据和实践案例，统计分析PPP融资成熟市场的发展特征，归纳出成熟市场国家运营商努力的激励影响因素和传导路径。其次，构建基于阶段捆绑的运营商努力的激励模型。对模型进行解析求解，提出相关变量关系假设，并运用案例进行数值模拟仿真，量化相关变量间的激励关系。最后提出提升运营商努力水平的管理对策。

本书适合管理学尤其工程管理专业本科生、研究生及相关科研院所人员使用。

责任编辑：张　晶　牟琳琳
版式设计：锋尚设计
责任校对：李美娜

### PPP融资模式下运营商努力的激励路径研究
曹君丽　著

\*

中国建筑工业出版社出版、发行（北京海淀三里河路9号）
各地新华书店、建筑书店经销
北京锋尚制版有限公司制版
北京建筑工业印刷厂印刷

\*

开本：787毫米×960毫米　1/16　印张：11　字数：186千字
2022年9月第一版　　2022年9月第一次印刷
定价：38.00元
ISBN 978-7-112-27292-1
（39100）

**版权所有　翻印必究**
如有印装质量问题，可寄本社图书出版中心退换
（邮政编码100037）

# 前言

PPP模式即政府和社会资本合作,是公共部门以长期合同方式从社会资本方购买公共服务、实现公共投资的一种安排。合同中界定的公共服务一般由社会资本方建造的固定资产提供,合同期限大多在25年以上。该模式起源于英国PFI,具体项目形式包括:BTO、BOO、BLT、DBFO、DCMF等。英国财政部在PFI1的基础上推出了PFI2模式,增加了私人资本股权在项目中的比重,旨在激励私人资本更多参与项目建设,节约财政资金。日本是亚洲地区最早从官方开始着手研究和推行公私合作的国家,以日本为范例,亚洲其他国家及地区如印度、菲律宾、新加坡等陆续在公共领域积极引入该模式。

从国际上看,PPP模式可以运用到收费桥梁、铁道、医院、废品处理厂、上下水道、交通设施、政府办公楼、社保支付体系、政府IT体系、学校学舍、监狱、机场管理等。国际学术研究涵盖了PPP范畴的界定、组织形式和管理、合同管理、风险评价、风险转移及其量化、VFM与PSC财务评价、项目后评估与管理、政府财政支持、PPP在其他应用领域的可行性分析,项目内部风险分配及收益补偿,非营利组织对公私两部门的协调、监督、激励作用等。

自引入BOT形式以来,我国政府在电力、收费公路、水厂项目、垃圾和污水处理、公共交通运输等基础设施领域大力推广PPP模式。但在PPP发展初期,从国家公布的固定资产投资占比数据看,项目投资仍以财政资金主导。2010年5月《国务院关于鼓励和引导民间投资健康发展的若干意见》(国发〔2010〕13号,即"新36条")指出,要在基础设施(交通、能源、电信等)、市政公用与保障住房、社会事业等领域向民间资本开放,从制度上保障了社会资本与政府合作共建公共项目。此后,PPP模式进入发展黄金期。

2014年起,财政部、国家发展和改革委员会、中国人民银行等多部门发文支持和规范PPP运作,使其成为推动经济发展和供给侧改革的创新型融资管理模式。2015年财政部建立PPP项目库,示范效应日益突出,全国各省份掀起PPP热,地下综合管廊、棚户区改造及周边配套基础设施建设、公共服务、生态恢复领域大力引进社会资本。2016年《国务院办公厅印发〈关于全面推进政务公开工作的意见〉实施细则的通知》(国办发〔2016〕80号),在安排以奖代补资金、中央预算内投资PPP前期工作专项补助时优先支持社会资本参与度高的、推广PPP模式效果明显的市(州)、县(市、区),推进其行政区域内PPP工作,鼓励地方增加公共产品和公共服务供给。2017年国务院办公厅印发《关于进一步激发民间有效投资活力促进经济持续健康发展的指导意见》(国办发〔2017〕79号),鼓励民间资本参与PPP项目,并采取混合所有制、设立基金、组建联合体等多种方式,参与投资规模较大的PPP项目。

在PPP如火如荼发展的同时,地方政府融资平台和地方债的问题浮出水面。2017年11月财政部印发《关于规范政府和社会资本合作(PPP)综合信息平台项目库管理的通知》(财办金〔2017〕92号)规范PPP项目,加强项目运营绩效考核,对无法通过财承检验或地方政府及融资平台违规担保的项目要求退出PPP项目库。近年来,随着地方隐性债务的治理和财政预算透明化,PPP项目治理力度加大,因此,社会资本进入的积极性减退、融资压力增大、重建设轻管理、运营商努力水平低等问题成为PPP健康发展的制约因素。本书在上述背景下展开项目运营商努力的激励策略研究,希望能够从理论层面探讨PPP模式如何有效发挥激励作用,提升运营商的努力水平,科学有效保障项目运行。

本书归纳整理了PPP融资、运营商努力、运营商努力的激励等相关文献与基础理论,界定了本研究中的运营商为参与项目全生命周期的企业联合体,运用统计数据分析了我国PPP融资的发展特征,揭示了宏观环境对PPP发展规律的影响。结合典型国家进行PPP统计分析与特征分析，揭示了成熟市场国家PPP融资中潜在的运营商努力的激励因素。着重展开PPP融资的委托-代理分析，揭示了PPP融资的内部激励传导路径，运用激励理论分析了外部市场对运营商努力的影响机理并根据系统分析方法从内部、外部构建运营商努力的激励传导路径。基于全生命周期构建了阶段捆绑的运营商努力的激励模型，涵盖竞标阶段、融资阶段和建设经营阶段的运营商努力成本、收益和主要决策者的收益函数及决策过程，并通过模型解析提出推论。设计了蒙特卡洛实验仿真流程，利用高速公路PPP项目数据进行运营商努力的激励仿真研究，论证各变量间的激励关系和敏感性。最后基于研究结论提出提升运营商努力水平的管理对策，以期对实践活动提供一定的参考和借鉴。

　　本书在写作过程中借鉴和参考了一些相关领域的研究文献，特向各位作者表示感谢。中国建筑工业出版社及各位老师对本书修订给予了全面支持和帮助，在此表示衷心的感谢。感谢陕西省教育厅重点研究基地项目（19JZ043）和校级人文专项项目（SK19005）对本书的支持。

# 目录

● 前言

● 1 绪论 / 1
    1.1 问题的提出 / 2
    1.2 研究目的及意义 / 4
    1.3 国内外研究现状 / 6
    1.4 研究内容与方法 / 20
    1.5 创新点 / 23

● 2 研究的概念界定与基础理论 / 25
    2.1 PPP 内涵与运营商界定 / 26
    2.2 运营商努力的内涵 / 30
    2.3 相关理论 / 36
    2.4 本章小结 / 43

● 3 PPP 融资模式下运营商努力的激励路径系统分析 / 45
    3.1 我国 PPP 融资发展特征 / 46
    3.2 PPP 融资成熟市场的趋势分析 / 59
    3.3 成熟市场国家 PPP 融资发展特征与统计分析 / 61
    3.4 PPP 成熟市场国家运营商努力的激励影响因素 / 70
    3.5 运营商努力的激励路径系统分析 / 73
    3.6 本章小结 / 79

## 4 基于阶段捆绑的运营商努力的激励模型构建 / 83

4.1 模型框架构建 / 84
4.2 假设与模型构建 / 85
4.3 模型求解 / 93
4.4 模型解析 / 95
4.5 本章小结 / 100

## 5 运营商努力的激励仿真研究 / 101

5.1 案例基本信息 / 102
5.2 融资带来时间价值效应的测量变量设计 / 102
5.3 基于蒙特卡洛模拟的时间价值仿真流程设计 / 108
5.4 运营商努力的激励仿真 / 110
5.5 本章小结 / 125

## 6 提升运营商努力水平的管理对策研究 / 127

6.1 竞标阶段相应对策 / 128
6.2 融资阶段相应对策 / 132
6.3 建设运营阶段相应对策 / 135
6.4 其他保障措施 / 136

## 7 结论与展望 / 139

7.1 主要研究结论 / 140
7.2 研究局限与未来展望 / 142

## 参考文献 / 143

# 1 绪论

## 1.1 问题的提出

PPP以其独特的优势在世界各国普遍受到重视。20世纪90年代起，各国采用PPP（Public-Private Partnerships，简称PPP或P3s）进行基础设施采购活动。随着经济发展和基础设施建设的需要，该模式在全球兴起。澳大利亚、英国、加拿大和欧洲大陆国家，甚至近期的美国都开始吸纳私人资本参与基础设施建设。据世界银行网站公布的最新报告指出，2017年1季度基础设施私人投资额同比上升24%，整个融资资金来源中，私人资金占48%，公共资金占23%，DFI（Development Finance Institution，开发金融机构）中的多边和双边合作资金占29%，足见PPP对世界各国影响之大。美国麦肯锡公司在专业报告中预测，截至2020年世界各类公共组织在公共基础设施领域将面临800亿美金的筹资需求，再加上各国财政紧缩的持续，世界范围内对PPP的需求正在急剧上升。

PPP在我国的发展由来已久。我国自20世纪末期引入PPP模式，历经多年探索已经积累了相关经验，但仍不足以支撑起长效的发展。2012年我国政府出台PPP文件37部，2014年出台20部，2015年出台39部，才标志着PPP机制真正拉开大幕。历经多年探索，我国PPP制度体系初步建立，市场格局初步形成。截至2017年9月底，PPP中心全国入库共计14220个项目，总投资额17.8万亿元，已签约落地项目数2388个。截至2017年9月末，国家推出的三批示范项目中，前两批落地率均为100%，第三批示范项目落地率达75.6%。已通过物有所值（VFM）评价的全国335个示范项目，较传统投融资方式节约1267亿元资金，平均每个项目节约3.8亿元。

然而，我国PPP发展面临困境，项目融资难引发的运营不佳问题浮出水面。2016年，国家发展改革委主题青年调研PPP组公开发表了《关于推进PPP模式的调研与思考》，对广东、安徽和江苏等省份进行调研，深入一线城市广州、南京、苏州，二线城市珠海、佛山、合肥，三线城市芜湖等多个地市，调研中发现当前社会资本承担的风险较高，参与PPP普遍利润偏低，同时社会资本还处于融资不畅的境地。民营企业普遍反映，如果项目收益率低于8%，基本没人愿意参与，对PPP项目兴趣不高。根据财政部PPP中心最新季报披露，入库项目资金主体多为国有企业，民营资本仅占1/3，与PPP初衷不符，PPP融资环节及其运营方面的问题受到各方关注。2017年3月，国务院办公厅《关于印发国务院2017年立法工作计划的通知》（国办发〔2017〕23号），明确提出由法制办、发展改革委和财政部共同起草《基础设施和公共服务项目引入社会资本条例》的重大工作安排。2017年11月，财政部印发《关于规范政府和社会资本合作（PPP）综合信息平台项目库管理的通知》（财办金〔2017〕92号，以下简称"92号文"），要求分类严格管理，进一步规范PPP项目运作，强调政府支付必须与运营商运营绩效挂钩，可见PPP融资尤其因融资引发的运营问题较为棘手。

本书在2017年进行了预调研，以便了解PPP项目运营主体在融资困境下的运营情况。为此，作者专程联系了具有PPP融资经验的中国农业银行、中国光大银行、中国民生银行公司业务部负责人8名，走访了省级国家开发银行客户处和评审处2人，同时走访了市级基础设施投资公司（政府融资平台）1家，调研了7家工程单位的项目投资部。在92号文颁布之后，作者又进行了补充访谈，最终获得的基本信息如下：

（1）信托的成本是11%，民营企业用这种方式肯定赔钱；

（2）银行在这里面占得较多，其他融资方收益较少；

（3）一般的PPP项目都是基础设施或者市政项目，资本金规定之外的余额部分数额巨大，还是得依赖外部融资；

（4）如果加上运营，资金投入太多，回收期几十年，风险太大了；

（5）PPP不可能像从前那么"热"；

（6）没有PPP项目经验也没有合作过的金融机构，则很难进入这个领域；

（7）92号文之后，主体在PPP项目的选择上会倾向规模小的项目；

（8）项目公司之前做过不少PPP融资，如果以后遇到好项目，当然会考虑股权份额的；

（9）之前做过一个短期的信托项目，已经赎回，因92号文需要暂时停一停。

上述信息显示，项目公司和金融机构丧失深度参与PPP项目的积极性。在当前严格规制的背景之下，金融机构和运营商步入观望阶段，由于缺乏相应的内、外部激励，进而导致了私营部门积极性不高、动力不足等问题。PPP不仅是融资方式，更是管理方式。PPP融资是否发挥了内在的激励作用，同时它对运营商有没有影响，有何种影响，是否激励了运营商在PPP项目周期中的努力水平，寻找这些问题的答案成为理论上指导PPP项目健康发展和尽快落地实施的关键。

通过发放问卷，进一步印证了上述预调研事实的普遍存在。本书研究过程中集中向河北、甘肃、山西、陕西4省份的运营商投放问卷，通过电子邮件和纸质形式共投放出400份问卷，在为期2个月的广泛调查中，最终回收问卷361份。在问到如果资金问题影响项目落地，是否会努力寻找融资来源而暂时不考虑成本时，选择"绝对不会"的占比9.97%，"基本不会"的占比20.78%，"不确定"的占比45.15%，"基本会"的占比21.61%，"绝对会"的占比2.49%。由此可以初步推断，PPP融资对项目运营商具有较为明显的影响作用。

因此，根据上述背景和调研事实，展开PPP融资模式下运营商的激励对策研究成为当前急需解决的课题；选择合适的切入点进行深入分析，重点剖析外部融资市场要素对运营商努力的激励性影响，进而从全寿命周期视角寻找影响运营商努力的因素并构建其内在关联机制，提出解决当前运营难题进而提升运营商努力水平的管理对策，具有重要价值和深远影响。

## 1.2 研究目的及意义

### 1.2.1 研究目的

（1）本书旨在厘清外部金融市场对运营商努力水平的激励影响，从理论上明确金融机构和运营商在投融资活动中的决策会对运营商产生怎样的激励效果，同时构建系统的运营商努力的激励传导路径。

（2）本书尝试构建三阶段博弈模型，系统分析PPP生命周期中的竞标、融资和建设运营阶段行为决策，探索PPP融资与运营商努力之间的影响关系。具体而言：①利用竞赛理论模型框架，将运营商的竞标努力成本纳入收益函数，对运营商竞标进行博弈分析，建立目标函数。探讨其竞标努力行为对竞标结果和运营商效用的影响。②利用市场结构理论模型框架，将古诺模型引入PPP融资的金融市场均衡分析，建立金融机构向PPP项目进行股权或债权投资时的收益函数。③以建设运营利润最大化为目标，将成本削减、各阶段努力引起的成本及收益、融资活动带来的项目时间价值效应等引入收益函数，建立运营商目标函数。

（3）将应用蒙特卡洛模拟方法测算案例项目年收入和NPV值，进而通过案例仿真对模型结论进行验证，深入研究博弈均衡解中相关变量之间的关系，为PPP项目融资决策及运营商努力水平选择提供依据。

综上所述，本研究以PPP融资对运营商努力的影响作为切入，旨在分析PPP融资内在激励机制及外部融资对运营商努力的影响，基于PPP多阶段捆绑的特征深入研究融资阶段与前后其他阶段之间的关联性影响，揭示PPP项目要素与各阶段运营努力之间的关系，构建基于全生命周期的PPP运营商努力的激励传导机制，提出可行的管理对策。

### 1.2.2 研究意义

以往对于融资激励的研究基于股权或债权视角，股权因剩余收益分配而产生控制权，债权因适时的介入和保护条款而产生一定的预算约束，这些都会对融资方产生适度的激励约束效果，影响其作为股东代理人或债权代理人的努力水平。PPP项目运营商在运营中同样处于代理人地位，进行外部融资同样面临股权和债权融资方式的选择，然而进入项目的资金会不会随着项目生命周期的延续而持续不断产生作用，尤其是否会对建设运营阶段的努力产生影响是目前理论界没有明确论证的问题。而PPP项目从竞标、融资到建设运营阶段捆绑的角度下，运营商努力水平会受到哪些内、外部因素的影响，也是一个完整生命周期内提升项目效益必须思考的问题。

因此，本书重点关注PPP热点问题和现实困境，将具有重要的理论和现实意义。目前国内对于解决融资问题、提升运营商努力的研究较少，亟需对该领域进行深入细致的研究。

本书研究的理论意义包括：

（1）拓展和丰富融资理论、市场结构理论和PPP理论，推动PPP运营商努力水平的激励管理。

（2）揭示外部融资与运营商运营努力之间的影响机制，深化现实对PPP融资和运营商努力之间激励相容性关系的认识。

（3）探索基于全生命周期的PPP运营商运营努力的影响机制，为科学提升运营努力的管理活动提供理论依据。

本书研究的现实意义包括：

（1）立足于实际调研和现实背景，基于外部融资对运营商运营努力影响的研究更关注外部市场对PPP管理机制的影响，为今后提升PPP管理有效性提供支持。

（2）构建基于全寿命周期的运营商运营努力的影响机制，提出管理对策，为提升PPP运营努力水平提供了实践依据。

## 1.3 国内外研究现状

在国际学术期刊发表的各类文献中，有关PPP案例和学术研究成果非常丰富。随着PPP在各国的发展，学者们先后研究了不同部门（行业）的PPP框架安排、项目融资的影响因素及事前和事中评估、项目关键成功因素与障碍、项目特许期的决策、风险分配和评估模型以及利润分配机制，这些研究为PPP理论发展奠定了良好基础。随着后危机时代开启，PPP成熟市场国家的发展动力逐渐被新兴经济国家赶超，关于PPP热点问题的研究也在新兴市场国家掀开新篇章。

### 1.3.1 PPP融资的研究现状

20世纪90年代之后，国外学者Kirwan、Coates等人针对相关建设领域的市场化，引发了一轮融资模式创新研究的热潮，认为溢价是融资多元化的基础。普鲁霍梅基于项目区分理论探讨不同基础设施投资主体和融资渠道问题，Schaufelberger等人提出了使用者收费、政府转移支付等五种融资途径，Bahl等认为基础设施的服务特性和外部性决定了融资方式。这些研究侧重于影响PPP融资的重要因素以及PPP融资的具体实践问题，并对PPP融资在教育、医疗、国防、交通等各个部门的项目推广进行了广泛研究。通过梳理PPP领域的文献发现，国内外学者对PPP融资进行了内涵、方式、结构、风险、决策和应用等方面的探索研究。

（1）PPP融资的内涵

众多学者将PPP视为融资模式，确立了融资是PPP非常重要的一项功能与属性，并从项目融资的角度,将PPP与BOT、BT、BOO等作为一类模式(刘薇,2015),认为PPP与传统的资产负债表融资不同,它是一种契约型治理结构,将传统模式转变为现金流模式(赵全新,2017)。对于PPP融资的内涵,可谓仁者见仁,智者见智。

对于PPP融资的界定,可以结合微观和宏观角度进行,也可以从其中一个角度讨论。从宏观层面一般认为PPP是既能减轻政府财政负担,又能提高基础设施效率的建设与融资模式(王秀芹,2007)。如果要将PPP模式引入基础设施领域,政府职能的正确定位和实施、适度激励的合同签订以及配套的环境和支持机构都将成为项目成功的关键因素。而从微观层面上,政府必须确定一种足够谨慎的承诺机制,保证资产的安全性以及项目生产或运营的可持续,并降低项目融资成本,使私人部门的投资成本及运营成本得以补偿,并获得合理回报。在基础设施PPP项目中,贷款人主要根据项目的预期收益、资产以及政府扶持措施的力度,而不是项目投资人或发起人的资信来安排融资,具有有限追索、风险承担等优势。在公共部门和私营部门长期合约之上,PPP包括项目设计、建设、运营等诸多环节以及私营部门提供融资等关键要素(陈通,等,2011)。学者们通过对PPP合作前提的研究(葛勇,等,2015),认为公私双方具备公平偏好,并由公共部门和私人部门协同提供设施(或产品)的建造(或生产),整合双方优势资源和各自专业经验,合理分配风险与利益,形成两部门融资和管理的优化,能更好满足公众对公共产品的需要,因此PPP是实现共同建设、共同运营和管理的项目融资机制。

从微观层面,PPP相比于传统的公共基础设施建设而言,是一种被优化且源于实践发展的项目融资和项目实施方式(邵瑞,张建高,2008)。它能够使各参与方形成良性的合作方式,通过现代融资手段实现"双赢"甚至是"多赢"。进一步地,从基础设施的经营性程度上看,公共部门先通过采购形式与中标单位组成的运营商签订特许权协议,再进行特定项目融资(张喆,等,2008)。持有相同观点的学者吴波(2017)以项目作为研究主体,认为PPP融资与常规融资的最大不同在于它不对发起人信用等级进行评估,而是根据项目未来收益、项目资产价值和政府支持力度来确定融资额度。

本书认为借鉴上述研究中的宏、微观视角对PPP融资进行内涵界定较为全面。宏观层面可以更多地关注外部市场环境与PPP融资的契合发展,而从微观视角则能更好地认识项目契约管理的内容，推动契约执行，有利于更好地分析、研究该领域专业问题。因此，本书对PPP融资从宏观角度界定为一种创新的融资机制，强调私人资金的参与、公共部门与私人部门的合作；从微观层面看，包含政府为使项目高效运转而向运营商提供的各类支付、担保与承诺的资金价值，也包含运营商从外部市场（金融机构）获得的融资资金。此外，从项目实际实践角度看，PPP融资包含了项目运行过程所包含的融资方式、融资结构、融资风险等内容，强调履约的过程。

（2）融资方式

从实践角度，PPP项目常用的融资方式有股权融资、债务融资、夹层资本和开发性资金（Svedik J, Tetrevova L, 2012）；因PPP融资中的资金存在异质性，融资中需要良好的治理结构来平衡混合所有制背景下的政府与国企、政府与民企、国企与民企之间的关系（蔡浩，2015）。受2008年金融危机及新巴塞尔协议对传统信贷业务杠杆管理的影响，结构化融资方式成为国外研究焦点之一。如针对美国德克萨斯州的地下物流运输系统建设项目，学者提出融合联邦政府、地方政府、区域性基金、TIFIA（《交通基础设施融资和创新法案》）信贷、FAST（《美国道路交通修复法案》）收入债券以及UFT（地下货运系统）股权投资，对规范和提高州立政府和国家政府层面融资提供重要契机（Zahed S E, et al, 2018）。而资产证券化则是国内近期讨论较多的主题（林华，2016）。该方式下，发起人将收益资产进行组合后转让给SPV（即项目公司），再通过增信以项目资产为抵押向投资者发行证券。这样可以将存量资产尽快转变为现金流，及时进行风险隔离，达到融资期限与项目存续期匹配的目的。随着金融创新的持续，资产证券化正逐渐兴起为表外融资的主导方式（孙燕芳，2017）。

此外，以项目融资贷款为资产基础发行CDOs（Collateralised Debt Obligations，债务抵押债券）最重要的环节为信用等级评估。基础资产、市场流动性和平均到期日成为其中重要的影响因素。如果基础资产中处于建设阶段的比重较高，则意味承担市场风险较大，市场定价的利差部分也较高（Valerio Buscaino, 2012）。国内对PPP融资的研究始于工程实践，并从实务角度对国际工程承包项目按承包方式分为：设计—招标—建设（DBB）、设计—采购—施工（EPC）、设计—采购—施工—融资（EPC+F）、建设—经营—转让（BOT）和公私合营（PPP）。而上述项目类型中的融资分析涵盖了常见的融资模式和方法，如建设流动资金融资，信用证、保函融资，项目股本融资等（周辉芳，2016）。对比国外，学者们通过考察发现美国的基础设施项目主要依赖地方政府信用来支持专业债券的发行；而欧洲在辅助基础设施融资时主要靠信用担保或者资产证券化的方式来增加项目债券的流动性。这些方式与一般意义上的金融工具发行有着较大的区别（王守清，等，2017）。

（3）融资风险

早期研究融资风险的文献多是基于项目融资视角。在经历了PPP模式的热潮之后，近期国内文献开始以PPP模式为切入点，研究其风险分配、风险影响因素或风险特征。例如基础设施PPP项目中的脆弱性评估，中国城镇化进程中基础设施投融资时空格局与发展特征。研究表明，当承担风险最恰当的各方按照某种合理的规则组合在一起时，其运营成本最低，收益相对最大，使得原本由政府运作可能亏损的项目借助PPP模式可能实现盈利。

还有不少国外学者通过对PPP融资进行调研，认为由私人部门承担融资责任是区分PPP模式和传统方式的重要因素（Ghavamifar，2009），并展开PPP融资风险因素研究，证实私人投资并不能减少税收对市场的扭曲影响（Engel，et al，2006），但可以提高对于不良投资的有效中止（De Bettignies & Ross，2009），确定了PPP项目中私人投资的理性边界。通过对我国香港地区和新西兰PPP场馆建设项目调研，发现在场馆PPP建设中关键成功因素包含顺利的融资安排等5个因素（Liu，et al，2014），而融资工具的便利性和丰富程度是影响PPP项目成功的重要因素（Tang，Shen，2008）。在针对美国2004年至2016年第一季度的21项高速公路PPP项目研究中，国外学者识别出31个PPP融资中至关重要的风险因素，这些因素一部分由公共部门承担，一部分由私人部门承担，其余由双方共担。美国PPP市场份额与英国还有一定差距，但市场份额在2018年也大幅提升。此外，项目特征和外部环境因素对PPP融资风险分配影响较大（Nguyen，Duc A，2018）。

PPP融资主体中的社会资本方信用风险高于政府，而政府的技术管理风险高于社会资本（姚东旻，等，2015）。学者们尝试以此作为建立均衡等式的依据，求解最优融资，还有很多学者进行了实例分析，如以RC县市政基础设施建设为例研究了PPP方式的具体融资风险（李素英，等，2016）或者利用"一带一路"沿线国家

2011～2015年的基础设施项目融资数据,考察了宏观层面国家风险、多边金融机构支持、项目所在行业及股东特征等对基础设施项目融资杠杆率的影响(沈梦溪,2016)。在深入研究中发现,欠缺设计的PPP和其他扭曲的架构虽然能够给私人合作者带来高回报,但是会给公权力合作者带来更多风险(章芳宁,等,2017)。国内现行的财政分权体制和投融资体制都是造成融资困境的制度因素,容易诱发PPP项目风险(侯燕,2017)。私人部门参与PPP项目会受到诸如金融市场发展程度、科技发展水平和基础设施建设比重等因素的正向影响(时秀梅,等,2017)。再融资决策中,PPP项目私人部门再融资决策的影响因素为融资合同变更或终止成本、公私部门再融资收益分配比例、项目现金流稳定性以及利率(王秀芹,谢中仁,2017)。

PPP项目融资除了具有一般风险的特征外,还具有其他显著特征。Daube等(2008)比较分析了德国与其他国家PPP项目融资模式选择的差异和优劣,指出国际上大多采用基于现金流的项目融资方式,而德国PPP融资是由私人承包商将基于建筑合同的未来政府支付收益卖断给银行,同时政府对收款方变更不提出异议,即采用福费廷方式。Li(2005)采用问卷调查法分析了英国多个PPP项目融资风险偏好问题。Lee和Yu(2011)通过分析我国台湾地区PPP排污项目案例,从投资者和政府角度就项目融资模式的选择分别进行了研究。Auriol和Picard(2011)则证实在不确定合约环境下,政府投资成本会对PPP项目中的外包活动产生实质调整作用。Iossa和Martimort(2012)认为金融机构较政府拥有更完全的信息。此外,风险的偶然性比较大、项目主体各自承担的风险种类不同、风险具有阶段性并具有很大的不确定性。项目的政治环境、经济环境、建设风险、技术风险、经营管理风险和不可抗力都是风险诱发因素。为了在盈利性较弱的公共品投资中吸引民资参与,需要对项目风险进行科学管理。因此对于风险分类研究,学者们为PPP项目各参与方设置了不同的风险偏好系数,将PPP项目风险分为:宏观水平风险、中观水平风险和微观水平风险,并应用博弈论求解当项目整体满意度最大时的风险最优分担方案(王雪青,等,2007)。此外,还有基于ISM(解析结构方法)和ANP(网络分析法)评估的使用(刘宏,等,2016),丰富了该领域研究方法。

在对金融机构参与PPP融资的风险研究中,许多学者提出了相应结论。中国农业银行信用审批部课题组（2015）认为银行进行PPP投融资时，对项目应关注其现金流、收费机制、盈利测算和项目退出安排；对地方政府要关注其财政能力、存量PPP项目执行情况、政府班子换届和政策连续性带来的不确定性影响；而对社会资本则需要关注其财务状况、专业能力和信用履约状况；此外还有增信措施和资金监管等的关注。该课题组以江西南昌首批PPP项目为例，分析出商业银行在项目中面临的具体风险是：政府信用不确定性、社会资本方信用不易约束、项目建设存在不可预知因素、市场与营运前景不明朗。从尽早介入融资磋商、固化政府承诺、落实项目社会资本方要求、掌握项目资金流、强化担保措施、保留自身主动权六个方面阐述商业银行可采取的风险应对措施。吉富星（2017）提出金融机构对无追索的项目融资方式非常谨慎，只有少数项目、特定区域能实现无追索项目融资。社会资本往往会借助金融工具的结构化、杠杆化效应，形成"明股实债""夹层融资"等可转换方式，突破"股+债"的显性结构，因此PPP的融资过程与融资结构都具有不确定性。张禄等（2017）运用不完全契约理论构建贷款契约模型，分析无政府担保对事前（项目公司和银行再谈判前）和事后（项目公司和银行再谈判后）项目效率的影响，最后讨论同时引入政府担保和契约保证金制度的效果。周立等（2017）论述了"PPP+B"模式中存在的政策风险、信用风险、道德风险、市场风险及项目资金挪用风险。张霁阳（2017）从银行的视角出发，综合考虑财政整体可持续性的宏观维度和PPP项目支出的微观维度，构建了一套以"财政承受能力指数"和"PPP财政支出覆盖率"为核心的地方政府财政承受能力评估方法。

（4）融资结构

PPP模式有效利用资金、发挥资金效率被业界和理论界普遍认同。PPP项目公司的资本结构是指债务资金和权益资金的关系，以及资金的来源和组成比例，直接关系到项目的成本、收益和风险，是融资决策的一个重要部分。Daube D、Vollrath S 等（2008）认为债务融资主要包括银行贷款和债券发行，它们所占比例通常为40%~60%，有的还可能超过70%，甚至个别会达到100%。股权融资一般占比较少，仅10%~30%，主要包含项目公司发起人和投资者的货币或实物出资以及增发部分。介于债务融资和股权融资之间的是夹层融资，主要包含次级贷款和优先股；在PPP项目使用次级贷款可以应对项目建设成本超支引起的完工风险，而优先股主要能够引入不以盈利为目的的开发性资金,通过他们再引入无息或低息的股东借款,可以使项目获得更多低成本资金。PPP项目表外融资方式包含有资产证券化、经营租赁、融资租赁等。由此看出,PPP项目融资结构复杂,是一揽子复杂融资协议。不同的股权结构下参与方对项目的资本和技术注入不同,会导致项目的综合成本不同(江春霞,周国光,2016)。如果PPP项目实施成本相对于采用其他模式的成本最低,那么,此时PPP的股权结构就是最优股权结构。

然而,股权结构并非一成不变。为降低项目融资的风险与成本,PPP项目各阶段的股东可能会发生变更(张婷婷,徐丽群,2016);一般地,股权在发起阶段调整相对较少,而在运营阶段就会发生不同情况的调整。对于债权比例,是在当项目主体和其所对应的股权比例确定之后才能确立,合理的负债水平能够影响PPP资本结构。一般能力强、信用等级高的运营商倾向于较高的负债比例。政府提供适当的激励措施,可给予PPP项目较大的支撑。常规的研究认为,不同的融资结构代表不同的融资成本,而融资成本作为PPP项目重要的一项成本组成,当其达到最小化水平时所对应的融资结构就是最优的,这一研究范式属于微观的内在资源优化研究。而PPP融资与一般融资最大的不同在于,PPP融资几乎囊括了市场上所有的融资方式和渠道,它具有复杂的融资方案和协议安排,PPP融资一定会受到融资市场行为的影响,而融资价格、数量就是融资行为作用下的结果体现。

基于此,应拓宽研究范围,展开外部融资市场对PPP融资阶段及其他阶段的影响研究,将以往的均衡范围扩展到项目内部和外部市场的共同均衡,这也是下文进行的突破。综上所述,本书将PPP融资划分为股权融资和债权融资两种方式,融资结构即股权资金与债权资金的比例关系。由于众多学者对PPP融资的研究视角差异较大,不同领域的PPP项目属性差异会增加PPP融资研究的差异化,口径众多的划分标准不利于展开统一框架下的研究。而宽口径的划分既适合市场融资、公司融资,也适合PPP项目融资,便于从多个层面考量PPP融资;在研究过程中引入更多更广的学科理论和基本定理,发现新的推论,也便于提出适合PPP项目流程的研究假设,构建利于指导实践活动的理论模型。

(5)融资应用方面

融资应用主要是围绕不同行业、部门和地域展开各类研究。从最初的基础设施领域跨向了交通、水处理、废弃物转能源利用、环保、公租房、公共医疗、农业价值链管理、医疗护理（Cruz，Marques，2012；Song，et al，2013；Yuan，et al，2012；Jodie Thorpe，2018；Lopes，Hugo，et al，2018）。李秀辉和张世英（2002）归纳了PPP模式应用于南非奈尔斯布鲁特市水资源与卫生系统建设中的经验借鉴。基于从事轨道交通项目的经验，王灏（2004）在引入PPP定义、模式及分类的基础上，对中国交通领域采用PPP融资的可能性进行了探讨。李明、金宇澄（2006）针对投资规模大、经营周期长、风险大的基础设施项目，尤其污水处理项目，建议将PPP模式范畴内的BOT与TOT进行结合应用，充分发挥两种项目融资方式的优势，提升成功概率。程哲、王守清（2011）在广泛文献研究的基础上，结合PPP在其他行业领域的成功经验，立足医院实际，设计了医院PPP项目融资的框架结构。在"一带一路"倡议背景下，姚公安（2017）对沿线欠发达地区基础设施融资模式进行研究，认为基础设施融资领域适合引入PPP模式。宗建岳（2015）探讨了PPP模式在土地储备融资模式变革中的作用和引入的可能性。熊燕斌、刘震华对中部地区基础设施建设融资创新进行了理论探索，对PPP的融资机制进行了应用研究。

对应用过程中的其他配套制度、利益主体或研究方法展开研究，也产生了大量的应用研究成果。基于苏丹城市道路项目建设延期的现状，Khair、Khalid（2018）探索了引起延期的重要因素，建立未来管理框架。通过梳理各个国家近期发表的文献、报告、政策性文件、管理文件和结构性访谈，借鉴专家打分评估延期因素及其后果，最终将影响因素分为6组。其中，融资竞争程度是主要的影响因素，并提出大型项目借助PPP融资，中型项目依靠银行融资机制，小型项目可以通过社会团体融资完成。李钟文、张英杰（2015）认为PPP项目融资中，银行信贷资金普遍存在期限错配问题，应通过信用评级机制降低项目的融资成本。在项目融资决策中，传统的折现现金流法（DCF）、净现值法（NPV）、实物期权法是比较刚性、静态的方法，忽略了项目潜在战略价值，而李妍、马英杰等（2016）运用模糊理论和二叉树实物期权定价理论，推导出了修正模糊实物期权定价模型，为基础设施PPP项目的评价手段、评价方法提供了依据。陈世金、刘浩（2016）利用发展中国家的相关统计数据，研究了PPP决策的影响因素，为发展中国家提供决策参考。赵世强、宁勇、张宏（2017）研究了高速公路PPP项目最优资本结构融资方案决策及应用。此外，多主体的参与在PPP融资决策中也逐渐受到重视，在PPP项目融资模式中引入商业银行等金融机构作为第三方资金供给主体的"PPP+B"模式成为热议的内容。正因为理论界有着充分的应用研究，本书才能充分利用前人成果，综合运用案例研究、数据研究等多种方法进行充分论证。

本书将借鉴上述成果，在对假设推论进行实证的过程中，微观层面采用财务评价方法衡量项目的融资效应，运用蒙特卡洛模拟出项目收益和融资的净现值倍增效用，再利用数值模拟来验证PPP融资与运营商努力的激励性影响关系及重要变量间的敏感度变化。

### 1.3.2 运营商努力的激励研究现状

"努力"是委托-代理关系中的基本概念范畴。在企业投资决策研究中，努力可以分为生产性努力和声誉性努力，显性努力和隐性努力，或公益性努力和自益性努力。在管理活动中，由于委托人与代理人之间存在着决策目标的根本性分歧，在委托人立场上就需要通过激励约束手段来提升代理人努力水平，促使其做出尽可能符合委托人利益的决策。而站在代理人立场上，提升努力会产生成本（如牺牲闲暇），最优决策激励手段促使代理人努力。委托-代理理论证明了委托人的目标结果可以借助业绩或类型依赖合同实现，企业经营决策的每个环节但凡涉及管理问题都可以应用该模型。

Jean Tirole（1997）认为委托-代理关系同样存在于厂商和消费者之间，厂商的某些市场行为如质量歧视、非线性定价和价格歧视会造成消费者剩余的降低。Kamat R 和 Laffont J J 将企业看成一个决策整体，与市场的另一个参与方发生交易，运用委托-代理理论研究具有市场效率的规制方法，倾向于外部市场对企业的激励。而企业通过某种行为影响市场的可能也是存在的，至此，在委托-代理模型框架下分析产品市场决策行为对企业内部的激励合同影响成为学者们逐渐关注的领域。如Freshtman C等基于古诺竞争研究了均衡激励；Miller N H等考察了价格竞争与数量竞争的激励等价性；Lal R、Bhardwaj P、Joseph K认为销售代理过程中也存在委托人授权和对代理人进行激励等现实问题。

在国内的研究领域中，大量研究应用委托-代理模型对企业激励问题深入探索，尤其对国有企业改革和政府职能改革进行了规制研究，试图来解决各个领域中的激励契约和控制权配置的问题，从而尽可能实现委托人效用的最大化。可以说国内学者在经济改革和企业实践中得出了大量相关结论，构建了相关理论体系，同时还不断尝试放松经典委托-代理假设，拓展该理论应用领域，将契约设计推广到柔性管理层面，即给予代理人决定是否努力和何时努力的灵活性，进而分析对原有激励体系的影响。

随着企业集群发展，基于产业链（供应链）的委托-代理研究悄然兴起。浦徐进、朱秋鹰等（2014）研究了供应商和零售商的双边努力，发现二者的努力水平互补；加入公平偏好因素后，认为会同方向地影响供应商努力水平，而供应商公平偏好与零售商努力水平却是反向关系。穆慧萍等（2014）分析绿色供应链系统利益分配的影响因素时，提出要尽可能对努力水平与投入、风险、利益进行合理匹配，考虑企业在供应链构建后的努力水平。王先甲、张柳波（2014）假定回收商成本不仅同回收商的努力水平有关，也同回收商的成本类型有关。秦旋、林艳（2014）指出我国现行的工程招标代理服务费的计费方式，即代理机构最终获得的是一笔与中标价成固定比例的佣金，而无法对工程招标代理机构起到激励作用。因此基于委托-代理理论设计了工程招标代理的报酬合约，建立了两类报酬支付的激励模型：一类是基于对工程招标代理机构进行绩效考评的预算报酬激励模型；另一类是以代理招标项目实际资金节约率超出工程所在地可类比项目平均资金节约率的资金额为基数的线性与预算相结合的报酬激励模型。孟庆峰等（2014）构建了实验模型，研究如果制造商通过销售回馈与惩罚契约对具有公平偏好的零售商群体的销售努力进行激励，那么零售商之间的行为外部性是否会对激励效果产生影响以及影响的路径如何。

在上述研究之外，众多学者还对模型添加了各种外在假设条件，如信息不对称、主次委托人条件、非对称渠道力量条件、分包商过度自信并引入客户监督机制、股权激励和市场有效性、互惠偏好、努力和赔偿成本分摊、风险投资的投资方中途退出、双边过度自信及厌恶风险等。

而在工程管理领域，研究相关主体运营努力的文献较少，主要研究的目标是监管、绩效提升等。邱聿旻（2018）从政府在不同建设阶段承担的主体功能入手研究项目治理，认为有效的政府监管能够显著提升建设主体努力水平和工程整体效益，随着监管主体监管水平提高，能够有效降低工程风险。周原（2014）基于工程项目委托审计业务，设置代理人的产出（工作成果）与其努力水平呈正相关线性关系，委托人可以观测而不耗费成本。

在用定量模型分析中，学者们尝试各种角度下剖析PPP机制下政府、企业双方的利益分配问题及其影响因素。经典HSV模型（Hart，Shleife&Vishny）剖析了主体切换前后对项目效益输出的不同影响；以此为线索，随后的学者Besley和Ghatak研究了如果采纳PPP机制进行纯公共服务的提供，那么随之产生的控制权该如何分配的问题；同时，学者Francesconi和Muthoo对准公共产品在公私部门间协作生产时产生的控制权配置问题进行分析，并对期间如何通过激励传导提升私人部门的努力水平进而提高项目效益进行研究。在此基础之上，张喆、贾明和万迪昉将相关模型引入中国情境，分析了PPP合作中政府和企业的控制权匹配，通过结合不同情况调整政府和企业的控制权参数，来观察利益分配效果，进而找出提高合作效率的关键点。此外，赵立力、谭德庆和左廷亮等为了分析BOT模式中各参与主体行为对其他参与方利益的影响，运用博弈论方法构建模型。研究得出：激励水平越高，且各参与方的努力水平越高，就会使得社会总效益更高。

郑华伟（2014）从契约激励约束、监理人激励约束和市场激励三个方面研究农地整治项目如何有效激励代理人努力水平的提升。冯卓、张水波（2016）在两阶段特许期结构下，假设私人部门为了缩短建设期而付出的努力为$a$，而缩短的工期为随机变量，论证得到BOT项目单阶段运营商预期收益高于双阶段（建设+运营）的结论。王欢明等（2014）分别在公交服务、PPP模式、城市公用事业、外包、联合体总成包和项目管理服务领域研究了运营商运营努力和收益分配之间的关系。陈勇强（2016）以拓展型Cobb-Douglas生产函数反映工期、成本和质量多任务努力投入情况下工程项目的产出，构建了业主与承包商激励模型。李强（2016）探讨工程变更中影响承包商努力水平的因素，明确了业主与承包商间的博弈关系。王卓甫（2017）研究了在满足净社会效益最大化时应设置的最优特许期与私人方努力绩效的分配比例。刘继才（2017）针对PPP项目运营商入股成为双角色主体，并付出努力水平和避免投机行为的前提下，研究运营商收益最大化和最优努力水平。其他学者如丰景春等都在不同前提和情境下进行了类似研究。

与运营商努力相关的另一研究范畴为"机会主义行为"。这一范畴基于信息不对称造成的契约不完备背景,对如何提升契约激励进行了相关博弈研究。研究涵盖了机会主义行为产生的基础与前因要素,对机会主义行为的治理(尹贻林,等,2014)提出了对策,如增加长期合作收益、协调收益、风险和投资之间的比例(尹贻林,董宇,等,2015),针对项目不确定性进行补偿(尹贻林,王垚,2015)。因研究方向不同,不再深入论述。

### 1.3.3 融资对运营商努力的激励影响研究现状

理论研究一般侧重各类激励方式或激励机制对融资收益的影响分析。如PPP项目中的激励对运营商降低融资成本的影响,职位晋升激励强度对我国各省区的城投债规模的影响,创业板高管激励对创新投入的影响,地下综合管廊项目的融资激励机制。另一类文献则是基于供应链融资问题,对供应链上的核心经销商企业和向其提供融资的金融机构(如银行)之间建立委托-代理模型,假设经销商的努力水平投入与产销量之间存在正向关系,另一方金融机构则会根据经销商努力水平情况来设置融资成本优惠额度作为激励措施。

在股权激励对经理人投融资的影响方面,Brockman等(2010)通过对股权的研究发现,经理人的风险偏好受股票收益率的波动影响。而经理人的薪酬中如果包含大量股票期权的话,股票收益率的波动势必影响股票期权价值,进而影响到经理人的薪酬市价。这种跟随市场波动的薪酬机制会改变经理人的风险偏好,即更加具有风险规避的特征。尤其当经理人进行短期债权融资时,他的风险偏好一定受到市场约束,由此可能会降低债务违约发生的概率,降低市场代理成本。随着企业管理方面的理论研究深入,学者们发现股权激励除了具有正面激励作用之外,还因道德风险可能引发经理人的机会主义行为。Bebchuk等(2010)在研究中放宽假设,提出了"幸运期权"的概念,即事前没有任何征兆而突然授予代理人的一种股票期权方式。学者们调查了1996~2005年的股票期权机会主义行为,并试图分析这些行为可能会对公司治理造成的潜在影响,尤其对股票期权授予CEO或者收入独立董事之后的股票期权机会主义和公司治理之间的关系进行了更深入的研究。结果发现，如果在当月股价最低的时候授予CEO"幸运期权"，那么会大大提升CEO的择机行为，如果此时将"幸运期权"授予独立董事，则会降低其监督能力，诱使独立董事做出机会主义行为。从这一点我们可以发现，股权的外部价格实际上可能会触发择机行为，有可能降低该措施的激励相容性。

国内关于PPP融资对运营商努力的激励研究的学者不多。唐祥来（2010）对PPP模式中的投资激励效应问题进行了剖析，分别从不完全合约、任务绑定、所有权关系和融资方式4个角度分析了对投资效率产生的影响。虽然这些内容涵盖了PPP项目的主要特性，但作者仅从定性角度进行了一定推理，并未结合PPP项目实践进行定量研究。潘敏（2003）提出如果股权融资或者债权融资被单独使用于项目资金的筹集活动，则无论股东还是债权人都可能产生非效率投资决策行为，而他们的非效率投资决策极有可能导致企业经营管理者的努力水平下降。这篇文献虽然也能为本书确立研究主题提供直接的理论借鉴，但该文献基于企业项目投资过程，且仅分析了2个投资项目时序。

学者们认识融资问题大多将其和成本、收益挂钩，单纯讨论融资行为。而PPP与其他项目管理方式不同之处在于，PPP融资过程存在着管理行为。因PPP项目周期长，不确定因素多，从项目公司（SPV）成立开始，股东投资和债权投资数量并非一直不变。在面对市场波动时，股权和债权不停更迭，新的股东和债权人进入或退出，导致PPP体现出很强的临时性契约特性，它的组织不稳定虽然有利于引入更多的投资人和投资资金，但也会带来不同管理者、相关者的利益冲突和行为冲突。所以，本书将PPP融资活动中涉及的主体行为和相关因素与管理问题挂钩，探索其对运营商产生的激励约束影响，构建相应的管理路径。

### 1.3.4 文献述评

（1）在对PPP融资的相关研究中，国内外学者从宏观角度分析了PPP融资如何冲破政府财政资金约束或公共资金约束，如何提升融资效率，并确立其作为政府职能改革催化剂和替代融资平台功能的重要方式。而从微观层面，学者们基于项目管理理论，对PPP融资内涵进行了多方位界定，围绕项目内现金流运作、定价、成本和保障机制等方面展开学术研究，主要成果集中于融资方式、融资结构、融资风险和融资应用方面。相较国外PPP研究，国内尚未建立起统一、成熟的理论体系，没有深入分析PPP融资内在机理，尤其对PPP融资内在的激励传导机制未作进一步的界定。同时，以往研究多针对单一主体、博弈双方主体或政府、私营企业和公众三主体范式，尚未对金融机构、私营企业和政府三方主体博弈展开深入研究。

（2）对于运营商努力的相关研究，国外学者基于委托-代理框架，从企业市场决策与企业内部激励合同的影响研究，逐渐扩展到业绩激励、机会主义行为、交易成本等方面，后被国内学者引入国企改革、市场化进程领域进行中国情境下的理论和实证研究，建立和完善了相关理论体系，对企业柔性管理、不完备契约的中国化研究贡献了大量学术成果。随着产业集群发展，基于供应链运营商努力的激励机制研究成为热点。互惠偏好、公平偏好、双边努力、单边努力、努力的投入和产品产出存在线性关系等各类前提假设被不断引入研究模型。但上述研究主要是基于监管、绩效、控制权与收益风险配置等方面进行讨论，对于多主体激励、内外部激励以及外部市场对内部激励合同的影响方面研究不够深入，尤其在工程项目、PPP融资中的多主体激励、内外部激励及外部融资对内部激励的影响研究较少。

（3）PPP融资对运营商努力的激励影响研究中，国内外传统研究范式强调控制权与收益、风险的匹配，尤其对股权激励的相关问题进行了广泛论证。并未重视外部融资市场的债权融资数量、均衡价格要素和股权、债权配置对PPP内在激励效应的叠加影响。同时，对于当前国内PPP规范管理情境下的阶段捆绑未纳入研究范畴，未对竞标、融资和建设运营阶段之间的正外部性进行充分研究。

综观上述，国外学者Hart（2003）、Sock-Yong Phang（2007）、David Martimort&Jerome Pouyet（2008）等学者对运营商努力的激励问题进行了论证，Hart、Shleife&Vishny还建立了经典的HSV模型，为不完备契约的后续研究奠定了基本理论框架。国内学者引入国外研究成果并进行了一定的情境化研究，但缺乏宏、微观视角的结合，缺乏对融资主体的分析及全生命周期的阶段捆绑等统一框架下的研究，对于运营商在项目实施过程中的努力行为导向也未结合项目属性进行界定，无法关联性地分析阶段目标之间的相互影响。尤其当项目存在与外部市场的边界时，项目主体与外界市场主体行为间的关系势必对项目运营造成一定的影响，进而通过阶段捆绑产生对其他环节的深层次影响，这些研究目前均未给予充分的论证。

因此，基于PPP领域已有的学术成果和上述研究中存在的不足，本书从项目全生命周期视角出发，结合阶段捆绑的PPP融资，重点分析外部融资市场因素对运营商努力的激励影响，进一步分析该阶段对后期建设运营阶段运营商努力的深层次影响。力图从PPP融资模式的系统性框架下研究运营商努力的激励传导及管理对策，提升运营商努力水平并提高项目管理效率。

## 1.4 研究内容与方法

### 1.4.1 研究主要内容

本书基于PPP项目多阶段任务绑定和PPP融资引入外部市场及金融机构这一前提，系统构建PPP融资与运营商努力的激励传导路径，构建三阶段博弈模型，在运营商利润最大化且运营努力的优化过程中，深入分析融资数量、股权和债权、参与融资的金融机构数量、政府承诺、项目收益特征等对运营商运营努力的影响关系，结合案例进行蒙特卡洛模拟仿真分析，针对结论提出相应管理对策。因此，本书各章节将研究内容确定如下：

第1章为绪论。提出将要研究的问题，即分析本研究所处的背景、研究目的和意义、国内外在该领域的研究现状，进行文献述评，发现研究不足，确立本书研究内容和研究方法。

第2章为研究的概念界定与基础理论。界定了PPP内涵、运营商、运营商努力，进行相关理论的综述，为下文理论研究奠定基础。

第3章为PPP融资模式下运营商努力的激励路径系统分析。首先研究我国PPP发展特征，利用数据信息分析我国PPP融资的部门特征、地区特征、合同特征等。其次研究PPP融资的国外趋势，选取典型国家进行剖析，探索影响运营商努力的融资因素和其他项目因素，最后系统分析PPP融资的内部激励机制和外部市场对运营商努力的激励影响，系统构建运营商的激励传导路径。

第4章为基于阶段捆绑的运营商努力的激励模型构建。以运营商、金融机构和政府为主体，建立三阶段博弈模型，分析融资活动及运营商外部融资对其努力的影响机理，建立各因素之间的影响路径。

第5章为运营商努力的激励仿真研究。结合实际案例进行项目模拟，运用蒙特卡洛模拟方法对项目进行收益预测和融资的时间价值效应分析，然后进一步地利用数值模拟进行仿真分析，论证模型各要素之间的相关关系，为政府对策提供依据。

第6章为提升运营商努力水平的管理对策研究。根据前文研究结论，在本章提出相应管理对策，主要从竞标阶段、融资阶段、建设运营阶段分别提出如何提升运营商努力水平的对策和措施，以供各方借鉴。

第7章为结论与展望。对本书主要工作进行总结，对主要结论进行归纳，对研究的局限性进行说明，最后提出今后深入研究的方向和课题。

## 1.4.2 研究方法

（1）归纳演绎法：通过综合整理和系统归纳研究PPP融资、运营商努力等方面的国内外经典文献，梳理学术成果、总结研究范畴、提炼研究主题、查找研究不足，为本书确立研究方向、搭建理论框架、进行理论分析和论证奠定了强大的基础。

（2）案例分析与实地调研法：通过实地调研项目，记录和归档调研资料，形成理论建模的现实依据。同时在数据分析中借助具体的高速公路案例资料进行实际预测研究，为得出可靠结论提供了数量研究的基础。

（3）系统分析法：在分析运营商运营努力的激励问题时，研究外部融资对运营商努力的影响机理和PPP融资内在的激励机制，利用系统分析方法构建包含政府部门、运营商和金融机构的系统框架。建立基于阶段捆绑的PPP项目各阶段决策目标函数，并通过均衡分析得出推论，从而为本书研究建立系统理论体系。

（4）蒙特卡洛模拟：鉴于国内PPP发展的特殊性和PPP项目库数据现状，本书在对未进入运营期的高速公路PPP项目进行收入估算时，首先收集了类似项目的交通流数据，利用MATLAB软件，结合蒙特卡洛模拟方法估计其概率密度函数，进而估计各车型车辆的交通流分布形态，为所要进行验证但缺少运营数据的案例项目提供了预测研究的基础。同时，对融资的时间价值效应和项目收益等进行预测。

（5）数值仿真方法：本书对未进入运营期的高速公路PPP项目进行影响关系验证时，结合案例实际背景设置相关参数，借助数值仿真技术论证结论并利用MATLAB软件绘制相关变量之间的关系图，为分析变量之间的影响和作用机理提供依据。

本书技术路线图如图1-1所示。

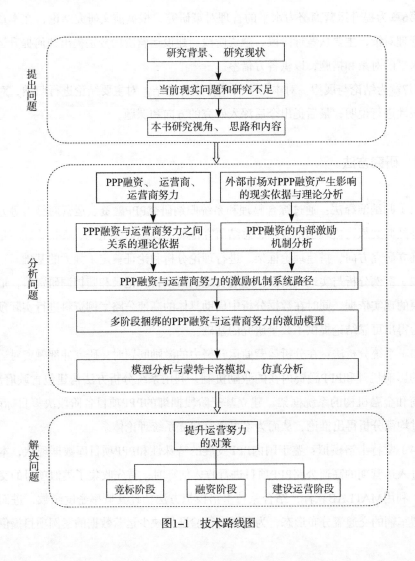

图1-1　技术路线图

## 1.5 创新点

（1）本书选取外部融资市场对运营商努力激励影响的视角，拓展原有的运营商激励研究范畴。增加金融机构这一利益主体，通过外部市场均衡进一步分析融资价格和融资数量、参与的金融机构数量等市场因素对运营商努力的影响。本书所研究的运营商激励既包含PPP融资内在的激励也包含了政府承诺和外部市场激励的影响，拓展了以政府作为激励主体来分析激励影响的研究范式。

（2）本书建立了PPP项目生命周期多阶段捆绑的运营商努力的激励模型，拓宽了以往单阶段或双阶段的研究范围。采用了三阶段博弈，纳入了PPP项目竞标阶段、融资阶段和建设运营阶段，弥补了前人阶段捆绑最多涉及二阶段的不足。

（3）本书对运营商目标函数进行了理论论证和改进，在PPP项目信息不对称的常态下，运营商决策一般以利润最大化为目标，同时由于本书引入政府这一利益主体，其监督职能使得运营商在利润最大化之外还必须满足运营努力最优的目标，这一假设拓宽了以往研究的视域。

（4）本书结合高速公路PPP项目和同类型项目交通量数据，采用蒙特卡洛模拟方法预测项目未来收入，并对PPP融资和运营商努力的各种关系推论进行仿真分析。这一数量研究方法弥补了该领域研究偏重规范性，偏重宏观数量分析而缺少微观数量分析的不足，增强了本书结论的可推广性。

# 2 研究的概念界定与基础理论

## 2.1 PPP内涵与运营商界定

### 2.1.1 PPP内涵

PPP的含义应根据不同的案例来确定（NorbertPortz，1999）。PPP源于实际的工程项目，不同国家、不同部门和项目中涉及的各类实践合同都会引起实践变化，这种变化又势必引发PPP定义的变迁。来自不同国际组织、不同国家组织以及不同背景的学者们，对PPP项目的内涵界定较为多元。

从伙伴关系视角看，PPP可以形成公共部门和私人部门在合作中的创新组织关系，通过激励手段实现双方合作优势，增加项目附加值（Osborne S，2000，Ghobadian A，2004，Bult-Spiering M，2008）。同时在PPP项目中，公共部门将财务风险转移给私人部门来承担，实现了风险和责任再分配。民营化专家E.S.Saves（2002）认为PPP即"公私部门伙伴关系"（Public-Private Partnerships），创立于1992年的英国，是一种基于公私双方合作关系的联合供应模式。他阐述了该伙伴关系的优越性、10种制度安排和11个可行标准。此外，根据私人主体在项目中的权利分享程度的不同，PPP分为协作型、运作型、捐助型、协商型伙伴关系。Tynkkynen、Lehto（2009）将共同的价值观和相互关系、互惠互利、更广泛的社会背景作为PPP成立的三大基础。因此，PPP可被认为一种混合发挥公私部门优势，基于互惠互利前提，提升公共和私营部门合作的各类方式总和。

从契约角度看，其认为私人部门在PPP模式下其实代表了公共部门利益，并利用长期合同与公共部门签署建设基础设施的内容，向公共部门提供服务（G.Peirson，P.Mcbride，1996）。在公共部门和私人部门的长期合作关系中，通过契约嵌入"约束机制"还可以稳固这种长期联系（肖海翔，2007）。由于PPP是公共部门和私营部门为了公共利益的需要，在双方共同参与公共物品及服务的生产和提供的过程中所建立的以合作为目的的治理框架，因此也是一种制度手段（李丹阳，2008）。

从产权视角看，Nicholas Awortwi（2004）提出"与民营化将服务或企业的所有权转交给私人部门不同，公私伙伴关系的目标是在将投资与效率引入系统的同时保持政府的所有权"。郭峰等（2013）认为合同、特许权协议和所有权的归属是PPP模式存在的基础。

从形式上看，王灏（2004）结合中国实际国情进行研究，根据我国工程实践，将PPP按照私人部门参与度分成了私有化、特许经营和合同承包三种方式。在私有化中，项目所需全部投资额由私人部门一方承担，项目建设形成的所有资产也归其拥有，这期间要受到政府等公共部门的监管和引导，不违约前提下获得使用者付费以实现利润回收。特许经营中，部分或全部的投资交由私人负责，公共部门引导并与私人部门形成合作关系，适度分担项目风险且与之共同分配利润，同时为了体现出项目的公众福利，政府会根据收入现金流状况调整私人收益，即根据实际向私人部门收取特许费用或支付一定的成本补偿资金。最后，合同承包类项目，由私人部门承担一项或几项工程任务，不负责投资，并从政府一方获得现金收入。乐云等（2016）将PPP界定为介于外包和私有化之间并结合了两者特点的一种公用物品提供方式。

从广义和狭义范畴看，刘志（2005）认定在我国特有的国情下，PPP包括两个层面的含义：广义上PPP模式是为了完善社会主义市场经济体制而生的，致力于双主体（公共部门和私人企业）为改善基础设施建设提升公共服务而进行的合作，确立了基础设施建设的公共投融资体制创新和政府管理方式革新；狭义上是指公私双主体共同参与的、为生产和提供物品或服务的制度安排，是一种包含了合同承包、特许经营和补助等形式的项目融资方式。严晓健（2014）除了认同广义和狭义区分外，还强调了主体合作过程中的焦点在于双方的风险分担和项目带来的未来价值这两方面。付大学、林芳竹（2015）在广义角度，从主体上界定了只要合作一方是公共部门，而另一方是私人部门的合作机制就是PPP，该合作机制基于一份能够明确相互间承诺工作安排的合同；在狭义角度，公司合作双方基于协议框架范围内展开的基础设施提供等相关活动或服务的提供，就是PPP。而介于二者之间还有中义的界定，指的是包含狭义范围活动内容，且通过共担风险、资源共享、责任共担的方式进行合作，为实现基础设施建设、环保、教育、医疗多项福利而与公共部门签订的长期合作备忘。

综上所述，本书认为目前对于PPP的定义并未统一，但经过上述文献的归纳演绎可以推出："伙伴关系"是PPP实现的前提，"契约"是PPP实现的机制，"产权"是PPP实现的基础，"形式"是PPP实现的方法；而广义和狭义的区分，则是适合我国公有制企业为主体的国情而产生的PPP定义。本研究采用狭义和广义的口径，即在项目微观层面，PPP特指一种项目融资方式。而中观或宏观层面上，PPP特指公共部门和私人部门之间通过共同投资、共同管理而形成的一种公共产品或服务的合作供给方式。

### 2.1.2 运营商的界定

不少学者根据项目实践情况，认为运营商就是参与运营阶段的运营者。由于PPP运行机制复杂，PPP项目中的所有参与者较多，理论上可分为核心利益相关者、一般利益相关者及潜在利益相关者（邓小鹏，2012）；或者分为服务层、核心层和风险分担层（高若兰，2018）等。PPP模式中最主要的利益相关者包含了政府及其代理机构（杨扬，等，2013）、私人部门、金融机构和公众用户。其中，项目的所有者——政府与私人部门共同出资成立特殊目的公司SPV，私人部门与公共部门共同持股，私人部门占股数量多，并实际参与PPP项目实施，如作为承包商、供应商或运营商直接参与项目各个环节。金融机构是PPP项目的投资方，可以通过发放高额贷款间接参与项目，也可以通过金融参股介入项目。金融机构对PPP项目提供的资金注入，极大程度上解决了私人部门融资需求。公众用户是PPP项目的终端使用者（娄燕妮，2018）。PPP的实施不但离不开上述主体，而且若要实现管理的效率，还必须依赖于项目中主体对各自角色的精准把握、对对方合作的高度认可以及良好的领导和沟通能力。

本书研究涉及的运营商与上述界定不同，认为运营商是参与项目全程，即参与了项目前期至后期运营全生命周期的私人企业联合体。由于项目阶段是否捆绑被越来越多的学者作为区分传统采购方式与PPP方式的标准，国外学术界倾向于使用"联合体"的概念进行研究，且可追溯到Hart O（2003），Sock-Yong Phang（2007）和David Martimort、Jerome Pouyet（2008）等多位领域内的权威学者；乔普·科彭扬、马丁·德容（2016）所持观点与Hart O（2003）相似，在对荷兰PPP项目进行研究后认为PPP私营主体是一个企业联盟，合同显现了整个项目的生命周期内的成本信息，有利于公共决策的透明化，可以激励运营商按时提供服务，让政府免于面临成本超支风险。国内近期研究中，费方域等（2010），刘立峰（2015），李勇、梁琳（2015），沈梦溪（2016）均使用了"项目联合体"或"企业联合体"的概念。因此，本书对运营商的界定结合模式划分的标志，认为运营商是参与项目全程，即参与了项目前期至后期运营全过程的私人企业联合体。仅参与某一阶段或某几个阶段的私人企业或其联合体，不属于本书研究范畴。

此外，PPP项目具有独特的组织结构。在临时组成的项目联合组织架构中，特殊目的公司（SPV）是该组织正常运行的核心，即便主体更换，项目公司也必须存在并对项目实施监督管理；其次，包含公共授权部门或者能代理公共部门进行投资的机构；项目公司外围还必须包含股东、贷款银行以及债券持有者等为项目公司提供第三方资金的机构（图2-1）。根据上文的论述，本研究涉及的运营商指的就是图2-1SPV中的私营企业联合体。在SPV成立前的竞标阶段，联合体已经由想要参与PPP的金融机构与潜在竞标企业组成，一旦竞标成功完成注册资本金环节，即宣告SPV成立，再与金融机构、公共部门签立融资三方协议，就意味着融资封闭期结束。

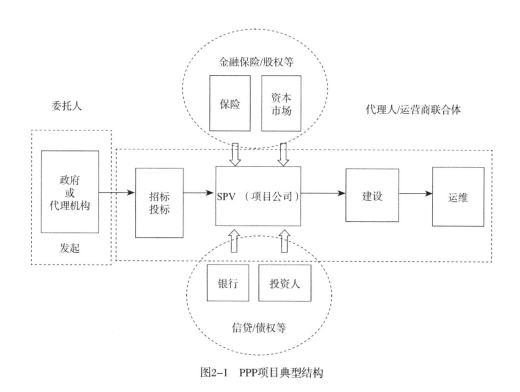

图2-1　PPP项目典型结构

## 2.2 运营商努力的内涵

### 2.2.1 运营商努力的目标界定

运营商努力,其体现了运营商按照合同内容执行任务并达到一定绩效标准的履约过程。PPP包含公、私双方主体及他们之间签订的有关公共服务条款的协议,并且协议中还具体包含了完工时间、提供服务的期限和具体成本等内容。在任务分配方面,私人部门承担设计、融资义务以及建设(或翻新)公共基础设施或服务项目。相应的,政府一方需要为私人部门支付现金流作为其收入,用于债务的偿还和向投资者进行适时的利润回报(Pollock, Price, 2004)。该模式的公共部门和私人部门作为产品或服务的联合供给方,共同投入资源负责整个流程。将监督引入项目契约能够降低委托代理成本、道德风险以及提高契约弹性,因此政府发展PPP的目的之一,是降低与私人部门间过高的交易成本,促使运营商尽可能按照合同履约。

PPP项目合同一般会围绕资金、质量、时间、成本、效率、目标、风险收益等方面作出具体详尽的规定。PPP融合了政府和私人优势,优先从资金约束上改善基础设施项目的财务状况,同时能够促进上述两个主体之间的协同决策、利益协调、风险分担和利益共享机制,提升公共项目在建设、运营和管理方面的效率,尽快提升公共服务质量和数量的增加。据北京市发展改革委组织的《PPP模式发祥地考察报告》显示,从工期角度考察项目状况时,21世纪初英国仅有30%的传统项目符合合同要求,而从工程预算方面,仅有27%的项目达到了合同要求的资金预算规定。造成上述局面的主要原因包括:①项目前期的所有成本没有被精确纳入整个成本预算;②由于缺少适宜的风险管理方法,政府不得不承担在建项目的风险或财务成本;③没有适当的激励机制。相比之下,利用PPP模式的在建项目,70%以上能够按时完工,且政府在其中几乎没有遇到任何建筑费用超支的难题。

相对于PPP在上述方面的优点,很多研究却得到了相反结论。如认为,PPP模式的融资成本要比传统模式的融资成本高,融资利息高出同等条件公司贷款的0.3%~1.5%;PPP结构复杂,项目开展前期成本高昂。Eduardo Engel等(2010)也发现由私人资金支持的公共服务成本高于由政府公债提供资金支持的成本。而Elisabetta

Iossa（2012）认为私人资金比公共资金有更高的成本，也认为其有利于接受专家评估项目风险、提高商业计划质量、制定风险管理计划等。这些都是传统模式下公共资金支持项目所不具备的。可见，关于PPP模式在成本、质量和期限优缺点的争论一直未休。而随着学界对资金问题的长期争论，英国财政部在2002年出台的"绿皮书"中将PSC[①]折现率从6%下调为3.5%，从官方立场肯定了私人部门资金成本高于公共部门（Jane B，2008），不具有融资成本节约优势。

因此，PPP项目中融资环节带来的效率提升只可能通过其他途径，如激励性作用对运营商努力产生激励效应，促使其在相关的项目阶段通过提升努力水平，达到降低成本、提升质量、缩短时间的合同要求。虽然目前学术界对于PPP效率特征的研究还未形成一致的结论（表2-1），但众多研究都将成本、质量、期限作为合同效率讨论的核心目标，因此本书对PPP相关问题的研究也遵循以往路径，将合同中成本、质量、时间作为运营商努力的目标，运营商的努力就是针对上述目标所投入的必要资源的数量总和。而下文着重分析PPP融资对运营商努力的激励作用时，也将依据成本、质量和时间的要求，提出运营商收益函数的相关假设，深入研究运营商通过私人融资后的收益变化，揭示PPP融资对运营商努力的激励作用，更好地促进PPP运营商在项目中提升执行效率。

PPP项目的成本、质量和期限情况　　　　　　　　　表2-1

| 作者 | 年份 | 成本 | 质量 | 期限 |
| --- | --- | --- | --- | --- |
| Mott MacDonald | 2002 | 成本超支情况少 | — | 没有超期情况 |
| Peter Raisbeck, et al. | 2009 | 成本超支程度低 | — | 超期严重 |
| Sanchez Solio & Gago de Santos | 2010 | 公开招标成本低 竞争性谈判成本高 | | |
| N.A.O. | 2003 | 成本超支情况少 | | |
| Christian Henjewele, et al. | 2013 | 成本超支问题严重 | | 超期严重 |

---

① PSC（Public Sector Comparator）被称为公共部门比较值，是全生命周期内项目全部成本对实施当期的折现值，用于判断项目是否适用PPP模式。如果政府采购模式的折现值大于PPP模式的折现值，就应由政府财政完成项目投资；反之，该项目适用PPP模式。

续表

| 作者 | 年份 | 成本 | 质量 | 期限 |
|---|---|---|---|---|
| Frederic Blanc-Brude, et al. | 2006 | 建造成本高 | — | — |
| Surya Sudheer Meduri & Thillai Rajan Annamalai | 2013 | 总成本高 | 质量高 | — |
| National Audit Office | 2001 | 节省成本 | | |
| Parker & Hartley | 2002 | 节省成本 | — | 浪费的时间多 |
| Christopher Willoughby | 2012 | | | |
| Eva I.Hoppe, et al. | 2011 | | | |
| H.M.Treasury | 2003 | — | — | 大部分项目可提前或按时完成 |
| Jyh-Bin Yang, et al. | 2009 | 不适合的合同计划、债务、政治问题的不确定性 | | |

来源：根据姚东旻，李军林绘制。

### 2.2.2 运营商努力的类别划分

由于本研究将运营商设置为全程参与PPP的联合体，导致运营商努力也具备全生命周期特性，即阶段捆绑特性，可以按照具体阶段对其进行类别划分。因此，下文首先对PPP生命周期进行论述。

（1）PPP生命周期

历年来有关PPP的研究中，众多学者不约而同地引用Hart（2003）的观点，即基础设施的建造和运营捆绑特性才是PPP模式的主要特征。一个独立的运营商至少同时承担上面的两个环节，在此基础上，还可以扩展到前期的设计和后期的运营、维护等环节的工作，并通过付出努力获得"使用者付费"以及必要的"政府付费"来回收投入的全部资源；而与此同时，政府会协调项目环节中遇到的各种问题，监督质量和服务价格，负责保障基础设施的正常运转。Grimsey、D&Lewis、M K（2004）以及Hodge等（2010）也认为PPP合同中会将不同的功能整合或打包。叶晓甦、周春燕（2010）认为PPP融资项目合同充分体现出了融资复杂、投资规模大、时间跨度长、参与者之间的关系错综复杂等不同于常规项目的特殊性。

Drazin R, Kazanjian R K（1990）认为当项目处于不同的阶段，其状态呈现出不同的特征。行业类型不同、周期数有差异。以专业组织机构为例，就出现了较多种项目全生命周期的划分方式（表2-2）。

专业组织机构对PPP项目生命周期的划分　　　　　表2-2

| 组织名称 | 角度和定位 | 项目阶段划分 |
| --- | --- | --- |
| 英国皇家特许测量师学会 | 较具代表性 | 项目建造期、运营期、清理期 |
| 联合国工业发展组织 | 从资金循环的角度 | 投资前时期、投资时期、生产时期 |
| 欧盟 | 从投资决策的角度 | 规划、立项、评估、融资、实施、后评价 |

严素勤等（2006）认为虽然理论上对PPP的流程进行了多种类的划分，但实际实施环节要比理论上描述的状态更为复杂。同时，理论与实践同时具备一些共性，即：首先由项目发起人确立项目概念的形成，然后发起人担当中介作用，开始寻找合作拍档，共同成立工作小组（Task Force）并确定合作框架备忘录，最后建立完整的项目管理、项目技术、项目评估机制。胡华如（2007）认为PPP模式的每个阶段经历的时间比一般的建设项目长得多，多个利益主体的合作中夹杂了各种矛盾，导致项目从立项到移交的管理内容复杂繁多，可以通过将其全寿命周期设置为离散函数，或者设置为连续函数来表示上述管理活动的持续性特征。

詹卉（2014）将基础设施生命周期比喻为"从摇篮到坟墓"（Cradle-to-Grave）的整个过程，指出项目从设计建造到建成运营、损耗维护直至最终报废的全过程会受到众多因素影响。一个周期结束，意味着新基础设施周期开启。从单一基础设施运行来看，其生命周期可分为设计建造和运维两个阶段，项目起点为规划阶段，而终点为资产报废。整个生命周期都会产生现金流、损耗流、服务流。三者的关系体现为：设计建造阶段的现金流在短期内数量较多；而运维阶段的现金流分布周期长，只有当基础设施损耗流增大时才会导致该阶段现金流的增大。赵辉等（2017）将PPP项目生命周期分为决策阶段（即投资估算、PPP模式必要性概述、PPP模式可行性研究）、缔约阶段（即招标、选择合适的私人部门、确定合作伙伴关系）、融资阶段（即组建

PPP融资项目公司），建设阶段（即设计、准备、采购、施工与安装、验收），运营阶段。

此外，国外学者Saade C等（2001）又将PPP划分为4个阶段：①计划概念形成期，指先确定目标，再评估市场潜力和公司能力；②完善计划期，选择合作伙伴，进行可行性研究、合作确认并签署合同备忘等关于目标、作用、职责及主要合作伙伴任务、市场计划准备、审定市场战略等内容；③实施期；④评估期，评估总结项目实施成果。英国OGC（Office of Govemment Commerce）列出的实施流程多达14个步骤，涉及从建立商业需要到合同管理的若干环节。我们将不同角度划分的生命周期情况列入表2-3。

国内外学者对PPP项目生命周期的划分　　　　　　　　表2-3

| 学者姓名 | 主要角度 | 项目阶段划分 |
| --- | --- | --- |
| Kerzner（2001） | 项目异质性 | 概念、规划、测试、实施和结尾 |
| Jean-Etienne de Bettignies（2004） | 产权经济学 | 设计、融资、建设、运营 |
| 尹贻林，张传栋（2006） | 投资决策 | 设计、开发、运行、管理、结束 |
| 乔普·科彭扬，等（2016） | 实践过程 | 决策、招标和设计、建设阶段、维护和运营阶段 |
| 王灏（2010） | 生命周期 | 可研、立项、选择私人部门、成立PPP项目公司…… |
| 季闯，等（2011） | 重大基础设施生命周期 | 准备、融资、建设施工、运营维护、移交以及移交后 |
| 季闯，等（2011） | 里程碑事件 | 项目策划、立项批准、投资者确定、特许权协议签订、成立项目公司、开工、竣工验收、运维公司组建、项目移交…… |
| 李以所（2012） | 价值链 | 设计、建造、投资、运维、使用 |
| 郑传斌，丰景春，等（2017） | 借鉴前人 | 前期、建设期、运营期 |
| 赖丹馨，费方域（2010） | 效率 | 建造、运营、维护 |
| 乐云，等（2016） | 利益相关者与程度 | 立项与招标阶段、建设阶段、运营与移交（聚类后） |
| 郭建华（2016） | PPP操作指南 | 项目识别、准备、采购、项目执行、移交 |

在实践领域，美国联邦公路局在2007年发布的交通部门PPP指引中采纳了芬兰学者Pakkala对PPP项目运行阶段的划分和衔接，提出总体框架，并将PPP项目周期、各主要阶段和各阶段主要活动集中展示于"项目开发与交付的主要阶段"图中，在一定程度上描述了PPP项目的家族图谱。如图2-2所示，PPP项目一般分为立项、设计、融资、建设、运营维护、升级等多个环节，各环节的顺序并不完全固定。总体而言，项目的初期计划和设计应先期进行，此后在建设过程中进行融资，或在建设资金不足的情况下，融资后建设，之后进入运营维护期，并在合约期限结束后进行后续处理。

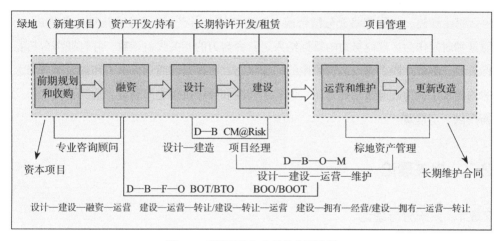

图2-2　项目开发与交付的主要阶段
来源：Pekka Pakkala（2002）

根据我国现阶段PPP项目的主要特征和实践情况，可基本确定为竞标（计划和设计）、融资、建设运营三个主要阶段，其中运营商在竞标和建设运营中的努力水平对项目最终受益具有直接影响。此外，这一划分标准的另一依据为，项目建设运营阶段的融资资金一般以债权性资金为主，而在此之前介入的金融机构资金一般以股权资金为主。

（2）运营商努力的划分

通过对PPP生命周期相关文献的梳理发现，PPP生命周期基本达成共识，它包含了竞标（设计）、融资、建设、运营阶段。PPP模式项目周期长，在划分的每个阶段内，运营商都面临着不同任务目标，运营商在特许期内进行的各项活动，其目的也不尽相同；如果综观整个生命周期的话，项目运营商实际上承担的是捆绑任务，参与的是一种既有私人利益又有公众利益的项目综合管理体制，这一复杂体制不仅牵扯到多元的利益主体、多阶段的任务，而且各阶段利益主体的行为之间、各阶段的目标之间都有着前后关联。

本书中的运营商努力按照项目生命周期可以划分为竞标阶段的努力、建设运营阶段的努力，既方便下文能更好地研究PPP融资对运营商努力的影响，并体现出阶段捆绑特征，也便于讨论具体项目阶段的均衡选择。

综上所述，本研究将充分结合前文讨论的基本内容，从全生命周期视角将成本、质量和时间作为运营商努力的目标纳入运营商努力的相关收益函数。并且捆绑分析竞标阶段、融资阶段、建设运营阶段的均衡状态，获得运营商竞标努力和建设运营努力的均衡水平，为政府激励运营商，调和运营商和金融机构之间利益，达到整体项目均衡提供一定借鉴。

## 2.3 相关理论

### 2.3.1 系统分析理论

"系统"最早由美籍奥地利生物学家Bertalanffy, Ludwig von（贝塔朗菲）提出，我国著名的科学家钱学森先生早年也对"系统"做过精辟的评价，他认为只要有人介入就可能形成复杂系统，当我们对该系统进行管理活动时势必受到人的因素影响。面对人所处外界环境的不确定性，完全理性假设并不能胜任任何决策问题的研究，而西蒙关于决策的"满意准则"和人类"有限理性"原则越来越受到重视。PPP融资决策的相关研究就属于这样一个应用研究的范畴，它实际上建立于系统分析体系之上，与系统分析理论有着密切关联。

系统分析是应用一系列的技术手段、方法、理论，对系统内宏观和微观子系统的运行机制、发展趋势、各种影响因素、各类现象与行为等进行分析。这些分析具有很强的系统性，它包括决策问题、决策方法、决策思维的系统性。

系统分析的主要内容包括：系统目标阐述、系统环境调查、系统结构、系统层次分析、实行系统的管理和经济要素分析。具体而言，系统目标的选择和分析遵循整体性和相互联系原则；把握系统和环境的主要因素，用主要因素进行分析；系统各要素和子系统的功能定位遵循耦合之后能够提升整个系统效能达到最优化的原则，以此为导向剖析各要素特点、功能和相互联系的作用方式是系统分析的重点；而不同系统之间的层次性界限主要通过具体的模型体系来实现。

如石莎莎、杨明亮（2011）认为如何缔结有效的内部契约关系以完善项目治理机制构成了PPP项目运营决策的重要课题。他们基于系统动力理论提出了内部契约治理机制产生的内外诱因，并深入分析了其诱导原理：运用项目治理和项目激励理论对操作中遇到的利益矛盾和风险环境进行分析，构建了相应的治理机制，并明确提出了在PPP项目内部进行契约治理的同时，更要注重柔性激励机制的建立。其他学者们更多的是应用系统动力学进行定价、调费、特许期、收益。

## 2.3.2 委托-代理理论

委托-代理理论发源于20世纪60～70年代，众多经济学家开始对阿罗-德布鲁的企业"黑箱"理论提出质疑，通过研究企业内部信息不对称和相应的激励问题而逐渐形成现代企业理论。

委托-代理关系建立的基础为契约，在契约之下，委托人授予代理人一定的自主决策权利，为委托人利益从事某项活动，同时由于代理人在执行权利过程中的内部控制，导致委托人处于信息劣势地位，难以从过程角度观察到经理人的行为选择。随着现代市场经济中大量股份公司的出现，公司资产所有者和经营者之间的关系成为委托-代理常态，可以说，当今所有组织或者合作性的活动中，只要有管理层级差异，就会出现委托-代理问题。

20世纪70年代，诺贝尔经济学奖得主莫里斯的一系列研究成果奠定了委托-代理理论模型框架，他确立了委托-代理关系中必不可少的两个约束前提，即参与约束和激励相容约束。在参与约束中，委托人所选的目标函数应该使代理人放弃或选择合约的成本存在关联；即放弃合约带来的成本至少大于等于遵守合约的成本；其次在激励相容约束中，经理人如果违约造成的成本应该至少大于等于违约带来的收益。由于管理环境的不确定性，信息不对称是标准的委托-代理模型的基本前提。这意味着委托人无法观察经理人的行为选择过程，只能观测其行为后果，通过进一步观测可能影响行为后果的其他行动或因素来引导经理人尽可能实现委托人目标。理论上通用$e$表示代理人的某一水平下的努力水平，用$\theta$表示外生的不受代理人控制的变量，项目利润$\pi$共同受上述二者影响，且可以被明确观测数值。委托人支付代理人报酬$S$与利润$\pi$挂钩，$S = S(\pi)$。代理人努力过程会产生相应的负效用即努力成本$C = C(e)$，此时委托人效用函数可表达为$V = V(\pi - S(\pi))$，代理人效用为$U = U(S(\pi) - C(e))$。

委托-代理理论研究的核心问题是激励相容，很多学者围绕PPP项目研究了相关的激励问题。

（1）在政府监管激励方面，柯永建、王守清等（2009）提出，政府可以通过对融资的协助、政府担保、投资赞助、税收减免优惠和新市场开发权来激励私人经营者；私营部门对税收减免措施最认可，对政府投资赞助评价最低。易欣（2016）依据监管机构需承担的经济和质量监管责任，构建了包括政府、监管机构和项目公司的多任务委托代理激励模型，根据激励相容和参与约束条件对模型进行了求解，结果表明，最有效的激励机制是政府预设合理监管目标值对监管机构进行奖惩，督促监管机构对项目公司加大监管力度。陈通等（2017）提出自利人假设前提下的企业最优努力水平大于等于公平偏好下的最优努力水平，这意味着利润目标要比公平目标更具有激励性；进一步地，公平偏好下模型中政府期望收益值小于自利人前提下政府期望收益值，而公平偏好下政府的监管成本又大于自利人前提下的监管成本。姜爱华、刘家豪（2017）结合我国PPP项目的财政激励约束机制提出相应的项目激励和财政管理的机制应该是基于全生命周期的，只有这样才能促进PPP项目在我国的良性发展。徐飞、宋波（2010）针对PPP基础设施项目建设，将企业最优努力、政府监督及关系契约的预期收益三者共置于激励机制之中，在Holmstrom和Tirole激励模型的基础上，从动态角度运用委托-代理理论设计公、私两部门两阶段合作的激励契约，通过对不同阶段政府监督奖惩因子和企业最优努力水平的配置分析，推导影响上述配置的相关因素以及企业两阶段决策中的动态影响；最后分别通过对政府外部监督与企业内在激励的分析，提出PPP项目建设中要设置权变激励机制。

（2）投资激励方面。Ana Belen Alonso-Conde等（2007）以大型收费公路项目Melbourne CityLink为例，将其项目条件假设为实物期权，研究该期权如何激励投资。谢晟、谢小云（2016）以政府为委托人、商业银行为代理人，运用股权激励模型研究地方政府与银行的激励相容机制。曹启龙等（2016）提出了PPP项目中投资方任务目标具有多维性的特点，在设置正负激励机制时，发现投资方成本函数的独立性与政府方激励函数的独立性相互关联；而如果投资方成本函数相互依存，则政府方如何激励则取决于投资方行为结果的可观测程度。具体而言，若投资方的行为结果是不可观测的，那么政府方对于该行为的激励是独立的；若投资方的行为结果是可直接观测的，则政府方对于该行为的激励方式取决于该行为的成本函数与不可观测的行为活动的成本函数之间的依存关系。曹启龙、周晶、盛昭瀚（2016）分析了声誉效应在PPP项目中的作用机理，并把声誉效应引入PPP项目的激励体系之中，构建了显性激励与隐性激励相结合的最优动态激励契约模型。研究认为，声誉效应能够通过外部性效应和内部性效应对项目投资方产生影响，引入声誉效应作为隐性激励机制能够有效增强显性激励机制效应，增加公共部门在PPP项目中的收益分享比例并且能够加强投资方的努力行为。曹启龙等（2016）以Dixit和Pindyck（1999）的非确定状况下沉没投资理论为基础，采用"选择性价格模型"判断企业的投资机会价值和企业的投资决策，并以中等发达国家和发展中国家的农业PPP项目数据为基础进行参数估计。研究发现，上一期投资量、农业生产力水平、人均GDP、上一年贷款利率和农业人口等是农业基础设施PPP项目建立和健康运行的主要影响因素。借此，政府可通过强化PPP专门机构与制度建设、倾斜的贷款政策和优先在农业生产力水平较低的地区试点等措施，促进农业基础设施PPP模式的发展。唐祥来、刘晓慧（2016）指出PPP投资有效地改善了中国供水综合生产能力和用水普及率，且私人资本对欠发达地区的水业公共投资具有"挤入效应"，而对发达地区表现为"挤出效应"。

戈岐明、孔繁成（2017）认为税收激励安排则是影响公私合作模式的最重要因素之一。发达国家PPP项目的税收激励措施值得我国借鉴，私人投资者参与PPP项目的税负被降低时，投资者的投资期望将得到提升。首先，应厘清PPP项目的边界；其次，应尽快出台PPP的专门税收法规；最后，制定针对PPP项目的不同环节和要素的税收激励安排。

（3）政府补偿激励方面。吴孝灵、周晶等（2014）研究得出，所得最优补偿契约既能激励私人选择政府集中决策时的最优初始投资，又能激励私人与政府共担风险、共享收益，但有效补偿还应满足项目社会效益约束，即对政府意味着有效补偿应适应项目实际不同情景。

### 2.3.3 项目融资理论

项目融资的运用起源可追溯到20世纪30年代，当时美国油田开发采用这种模式，是一种以项目资产和未来收益为还贷资金来源和安全保障的融资方式，随后便在其他国家和地区得以推广。由于项目之间不可能具备完全相同的融资结构，导致了不同国家和地区对项目融资的界定也不一致。

项目融资有广义和狭义之分。广义的概念是"为项目而融资"，是指为特定项目的建设、债务重组或收购等目的进行的融资，且提供资金的债权人对项目公司所抵押资产以外的资产有完全追索权利。狭义则指不涉及项目主体信用等级的，以项目本身的未来收益或资金流、合同权益或项目资产等作为直接还款来源的融资行为，债权人对债务人财产无追索权或有限追索。

银监会印发的《项目融资业务指引》中对项目融资描述基于贷款用途、借款人条件和还款来源三方面规定。首先，贷款用途一般投放于一个或一组大型的生产装置、房地产项目、基础设施或其他项目，还可以投放于已建设项目的再融资。其次，借款人应该是企事业法人，且是专门为该项目建设或融资而成立起来的相应主体。最后，还款来源应产生于项目销售收入、补贴或者其他收入而没有其他还款来源。

PPP模式下的项目融资通常涉及项目实施机构、社会资本方、借款人、项目公司等相关利益主体，在项目融资模式设计时应当充分考虑交易结构与交易边界。PPP模式下的项目融资主体是项目公司。与企业融资相比，项目融资杠杆率更高，项目风险由所有参与者共同承担。

## 2.3.4 市场结构理论

结构是指构成某一系统的各要素之间的相互关系。完全竞争市场、垄断竞争市场、寡头垄断市场以及垄断市场四种市场结构是古典经济学派对市场结构的划分，并且认为完全竞争市场在配置资源方面最有效率。马歇尔对传统古典经济理论中关于市场结构的理论提出了质疑，认为规模经济与竞争活力之间存在着内在矛盾，即著名的"马歇尔冲突"。此后，熊彼特关注技术进步与市场结构的关系，且随着时间推移，逐渐被证明了正确性。

随着市场结果的演变和市场竞争强度的变化，价格正成为企业相互竞争的主要手段，面对不同的竞争环境选择不同的价格策略是各企业需要理性面对的重要问题。古诺（Cournot，1838）寡头竞争模型通过经典假设将市场寡头设置为两个生产厂商，他们生产的产品是同质的，而且都追求利润最大化；厂商间进行产量竞争，产品价格依赖于两个生产厂商的总产量；厂商间无勾结行为。两个厂商都掌握市场需求情况，他们都面临共同的线性需求曲线；各厂商不会提前采取行动而会根据对手行动来选择相应的行动策略，模型中假定对手继续如前行事，以期调整自己的决策。

在PPP融资中，涉及的金融机构和运营商共同决定均衡融资数量和融资价格。PPP融资市场结构是指不同的机构之间由产品的差异化、市场份额、市场规模的不同而决定的市场组织结构特征。它主要包括以下几种市场关系：供给方之间、需求方之间、供给方和需求方之间、现有的供给方、需求方与潜在的供给方、需求方之间的相互关系。广义的市场结构还包括商品结构、所有制结构和市场网点结构。本书采用狭义定义，即从供给方来解释市场的垄断和竞争程度，并主要从市场份额、产品差异、价格等方面来考虑PPP融资市场结构。

## 2.3.5 博弈论

博弈论（Game Theory），也被称为对策论、游戏论，是一门研究博弈中局中人各自所选策略的科学。博弈论的主要研究目的是探究博弈各方的行为特征，即各决策主体行为发生直接相互作用时的决策特征；以及何种情况下采取哪种策略，会达到什么样的结果即决策主体决策后的均衡问题。因此包括三个要素：局中人、局中人行动结合和结果集合。

博弈论的研究范式突破了以往经济学将经济运行秩序设为既定的前提，将矛盾冲突引入局中人利益当中，讨论不同的矛盾前提下所产生的具体应用中的结果和得失。博弈论的主要功能是给人们在经济的交流过程中提供一种解决冲突与合作的工具或手段。而经济学的经典范式是把经济运行的秩序看作是既定的，以此为前提来探索它们可能出现的结果，却不去关注经济秩序如何产生，又是什么促使其产生。因此，相比之下，博弈论能从更为普遍和基本的假设出发，探讨经济运行秩序的起源与形成。

博弈论最早从数学和经济学领域借鉴而生，关注社会局势中理性行为的选择，其中每个局中人对自己行动的选择必须以他对其他局中人行动的判断为基础。博弈论对经济生活中存在竞争与合作关系有独特的分析视角，应用空间广泛。在经济学文献中，对博弈论最早进行论述的是古诺（1838）、伯川德（1883）和埃奇沃斯（1925）关于垄断和生产领域的研究，1944年，冯·诺依曼和奥斯卡·摩根斯坦恩合著的《博弈论和经济行为》是将博弈论的思想应用到经济学领域的奠基性著作，他们发展了拉姆齐的公理化预期效用理论，其中"经济主体作决策时必须考虑到经济学上的利益冲突"是博弈论应用的准则。继而，非合作博弈、不完全信息博弈和非转移效用联盟博弈、均衡选择问题等领域，接连出现了博弈论的发展创新成果。

现实中，某些局中人拥有其他人所缺乏的关于自己的能力、爱好和知识方面的了解，这冲击了纳什均衡的"完全信息"这一重要假设，"局中人对其对手策略集有着充分了解"不符合实际情况，也就是说一个厂商起初对其竞争者的金融或人力资本资源等信息掌控存在不确定性。本书在下面相关章节的博弈分析，也是建立在信息不对称的前提之下。

在PPP的研究中，很多学者都应用了该方法。王颖林、刘继才等（2016）利用博弈模型框架，分析公共部门具有互惠偏好及项目参与方具有风险偏好时，两阶段和三阶段讨价还价博弈在项目风险分担中如何实现实物期权价值的分配，最后对比分析了两种博弈模型的结果发现发挥有效激励的前提是政府互惠偏好必须高于一定数值。

王颖林、刘继才等（2016）在政府为投资方设定超额收益分享制度的基础上，将激励制度引入项目管理的活动中并针对项目活动分析了投资方可能出现的投机行为。

在试图建立双方之间的努力-激励博弈模型的过程中获得结论,只有设定合理的奖惩制度才能实现预期的激励效果,而这一奖惩额度的设定与投资方和公共部门的风险偏好相关。曹启龙、盛昭瀚、周晶(2015)基于委托-代理理论分析了项目公司努力与不努力这两种行为与监督惩罚力度和政府激励机制之间的博弈关系,进一步研究了上述关系对项目绩效的影响。研究表明,项目公司寻租与否是在寻租边际收益、激励水平和监督惩罚力度三者之间权衡的结果,进一步研究发现在满足政府收益最大化的条件下仅仅依靠激励监督机制是不能完全消除项目公司的寻租行为的,但公共部门可以通过强化惩罚力度来抑制项目公司的寻租行为。

## 2.4 本章小结

近年来,PPP研究领域相继关注了PPP模式的适用性、交易成本、制度、治理、控制、社会资本参与、监管、规制、会计、审计、绩效、法律、经济性、定价、风险、关键因素等多主题研究。研究方法涉及系统动力学、演化博弈、定量模型、案例实证、霍尔三维模型等。

本章通过相关文献综述的分析,阐述了PPP融资、PPP项目生命周期、运营商和运营商努力;在此基础上,进一步对相关理论进行综述。经过分析发现,现有对PPP融资与运营商努力的研究通过系统论、委托-代理理论、项目融资理论、市场结构理论、博弈论等方法对相关方面进行了研究,建立了一定的理论体系。但目前的研究也存在一些不足:

(1)数量方法应用较少。由于PPP在我国推广时间较短,国家级层面建立的统一数据库即财政部PPP中心项目库收集的相关信息较少,只涉及项目当前基本情况,对交易结构等涉及商业机密的内容在项目执行期未披露;且财政部PPP中心建立项目库时间较短,入库的PPP项目大多处于采购阶段或建设阶段,尚未进入运营期,缺乏后期数据支持,微观案例或数量研究有一定限制。

(2)研究角度单一。现有研究要么选择微观项目视角研究定价、风险、项目治理等,要么选择宏观经济视角讨论PPP的经济性或路径依赖,很少将宏观与微观结合进行研究。

（3）现有针对PPP的研究在项目层面未考虑阶段捆绑后各阶段之间的关联性，或者关注了两个阶段，没有将融资阶段行为纳入分析视角。尤其对于外部融资如何影响运营商努力，以及基于运营商利益最大化如何选择努力水平等问题没有进一步的阐释、说明和论证。

综上所述，本书将项目微观层面视角与外部市场宏观视角结合，基于阶段捆绑且外部融资前提，研究PPP融资模式下运营商努力的激励传导机制，探索各变量之间的相关关系并进行论证。

# 3 PPP融资模式下运营商努力的激励路径系统分析

PPP的复杂性远高于一般工程项目，因此影响项目成功的因素众多。外部市场环境、融资环境是否会对PPP融资活动产生重要影响，金融机构决策是否会对运营商努力水平产生影响，则可以通过对国内和国外PPP融资成熟市场的趋势分析获得一定的现实论据支持。

## 3.1 我国PPP融资发展特征

### 3.1.1 发展阶段的划分

对于我国PPP发展阶段有很多不同的观点，如五阶段论：探索阶段（1980~1993年），试点阶段（1994~2002年），上升阶段（2003~2008年），波动阶段（2009~2012年）和普及阶段（2013年至今）；三阶段论：开拓阶段（1990~2003年），现代化阶段（2003~2013年）和新趋势阶段（2013年至今）；四阶段论：逐步试点阶段（1995~2002年），项目推广阶段（2003~2008年），项目反复阶段（2009~2012年），高涨阶段（2013年至今）。为了能科学认识我国PPP发展历程，为了能科学认识我国PPP发展历程，本书借鉴学者推论，根据国际宏观经济环境与重要政策节点将我国PPP模式发展划分为四个阶段。

第一阶段：探索阶段（1984~2002年）

新出现的项目类型BOT模式被引入内地，深圳沙角B电厂项目由中国香港一家公司于1984年投资，然而因其粗糙的项目流程、粗略的合同内容和有限的影响力而受到诟病。1992年十四大确立了建立社会主义市场经济体制的目标为基础设施市场化投融资改革提供了理论依据。1993年国家计委开始研究投融资体制改革包括BOT可行性问题。1994年国家计委选择了广西来宾B电厂项目等5个项目作为首批试点项目。1995年国家计委、电力部、交通部联合下发了《关于试办外商投资特许权项目审批管理有关问题的通知》为试点项目的实施提供了法律依据。当时比较典型的项目有北京第十水厂BOT项目、上海黄浦江大桥BOT项目、北京肖家河污水项目、北京西红门经济适用房PPP项目等，包括的行业跨度包含了自来水、电力、桥梁、污处、燃气等。在同一时期，发生了PPP项目的典型失败案例——A供水厂项目，因为参与方之一的L自来水公司对项目评估为"有失公允",在合同支付日期当天便拒绝履约,不愿意按合同规定价格和数量购买Z水务生产出来的自来水,直接导致1999年开始这一项目被闲置并进入诉讼。

这一阶段涉及91个项目,共同特点是:①PPP主要应用于交通、能源、水务和水处理行业(部门);②主要的投资者为外资形式,因为他们具备了成熟的技术和管理技能;③BOT是最常见的合同形式;④出现了一些限制性因素阻碍PPP快速发展,如风险未公平分配导致采购过程费时费力。

第二阶段:稳定阶段(2003~2008年)

2002年十六届人民代表大会推动市场机制成了基础设施发展的重要推动因素。建设部从法律层面上出台了多项关于PPP应用的官方文件。在中央政府的强大支持和北京奥林匹克运动会基础设施的需求面前,全国范围爆发了PPP应用的热潮。这一阶段比较著名的PPP项目有北京亦庄燃气BOT项目、北京房山长阳新城项目、合肥污水TOT项目、北京地铁4号线项目、兰州自来水股权转让项目等。应该说市场经济特征在这个时段显露得比较突出。

这一阶段特征:①PPP主要应用于市政如供水、污泥处理、垃圾处理和供热;②国企和私人投资占主导,外资回落;③采用了公开竞价方式,赋予地方政府管理公共项目主动权;④项目流程较为规范,交易成本、前期准备时间降低;⑤合同类型更加适合在建项目,内容更加明确。

第三阶段:发展和波动阶段(2009~2013年)

2008年全球金融危机影响了全球金融市场和中国PPP市场。为应对危机,中央政府推行了4万亿元(折合6300亿美元)的一揽子刺激计划,向基础设施领域注入了大量的公共资金,直接扑灭了地方政府对PPP模式的热情,甚至对本可以采用PPP模式的也采用传统方式,挤出了大量私人资本。北京国家体育馆和北京地铁4号线项目成为典范。

这一阶段的特征有:①国企因拥有政府资源,和当地政府关系密切且与国有银行关系便利而在PPP市场上占据绝对主导地位。因此形成了中国特有的PPP模式,即地方政府和国有企业相互合作提供公共设施和服务;②PPP项目融资渠道进一步拓宽。之前,PPP项目主要靠银行贷款进行债务融资。随着金融市场的发展,PPP参与者采用了更加多样的融资方式如IPO、公司债和信托。

第四阶段：新高潮阶段（2013年末至今）

2013年3月，第十八次全国代表大会确定了市场在资源配置过程中发挥决定性作用的路线，PPP的普及也有了国家层面的理论指导，国家对基础设施领域的私人投资态度发生了极大转变。国家有关部门及时进行了关于PPP的专题报告，例如财政部原部长就对让市场在资源配置中发挥决定性作用、建设现代财政体制和促进城镇化健康发展、PPP在国家治理现代化、转变政府职能等方面的作用给予了高度期待。第十二届全国人民代表大会决议通过由发展改革委草拟PPP特许经营法，经过多轮讨论进入了最终起草阶段。同时，对比我国与世界其他国家PPP发展的差距，法律旨在通过建立首部国家立法来解决中央和地方PPP运营方面的法律冲突，来保障PPP利益相关方包括国企、各地银行的利益。2014年，国务院和各部委发布一系列规范、通知、措施、声明等超过40份官方文件来推动PPP模式的发展。这些规定和制度反映出中央政府开始重视PPP模式的规范化，尤其财政部发布了PPP指引、VFM[①]评价和财承能力评估。在政府的有力推动下，PPP占据媒体热点位置，PPP模式的新繁荣时期再次拉开。

与过去不同的是，财政部取代住房和城乡建设部和发展改革委引领此次PPP热潮。2014年末，各省市积极推出大量PPP试点项目。财政部于2014年10月更是建立了PPP中心。其他部委和地方政府，如发展改革委建立了项目库，截至2015年5月共包含1043个PPP项目，涉及总投资1.97万亿人民币（折合0.31万亿美元）。当时地方政府层面已存在PPP项目的隐性风险，只是还未显现。

### 3.1.2　PPP项目数量特征

我国PPP模式的发展配合国家供给侧改革、城镇化建设得以如火如荼地推进，与世界其他国家的发展特征有所区别。近年来PPP项目数量逐年递增，但也随时间变化

---

① VFM（Value For Money）被称为物有所值，是选择PPP模式进行项目投资时的核心理念，从定量角度判断PPP是否能够实现资金价值。

3 PPP融资模式下运营商努力的激励路径系统分析 | 49

而波动。

　　20世纪80年代中国诞生最早的PPP项目，直到2014年国家才建立对PPP模式进行引导、统计、咨询和监管的机制。2014年5月，我国财政部成立了PPP工作小组，后转为PPP中心，因其下属于财政部，并不是一个国家层面的独立PPP中心。根据世界银行PPI数据库信息，进入21世纪后我国PPP模式的应用经历了快速增长（图3-1）。同时，1亿美元以下的项目投资居多（图3-2）。

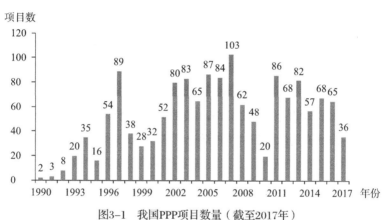

图3-1　我国PPP项目数量（截至2017年）
来源：根据世界银行（WB）PPI项目库信息整理绘制

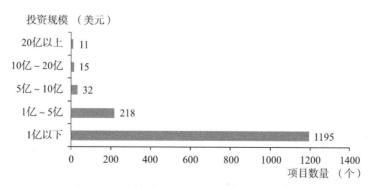

图3-2　我国历年项目投资规模（截至2017年）
来源：根据世界银行（WB）PPI项目库信息整理绘制

根据PPI数据库披露，截至2015年7月，我国共有1226个PPP项目，这些项目包括4种类型：特许经营、管理和租赁协议、未开发项目和资产剥离。2017年上半年，中国有36个（不包含国企投资项目）PPP项目进入PPI项目库，项目数量位居榜首，投资额折合37亿美元，占东亚和太平洋地区29%，投资额排全球第四，且2017年全年PPP项目投资额高于2016年。

在国内统计口径下，PPP项目的实际总量早在2014年已经7000~8000个。2015年，全国政府和社会资本合作综合信息平台项目库（以下简称财政部PPP项目库）由我国发展改革委建立并推出，囊括了已经推出市场的PPP项目和即将进行的一些项目，但不包含任何过去已经建成的PPP项目。截至2017年末，财政部PPP项目库收录管理库和储备清单项目约15000个，总投资额18.2万亿元。

PPP模式在我国的应用过程并非一帆风顺。这些波动主要源于宏观投资环境和政策制度等的变化。例如，20世纪90年代末基础设施外资投资的下降主要因1997年东南亚金融危机和中央政府展开的BOT项目清理活动，可以在图3-1见到明显回落。而2008年4万亿人民币（折合0.63亿美元）的"一揽子"刺激计划使得地方政府对PPP模式降低热度，造成图中相应节点再次回落。2013年末的PPP热潮则是因财政部主推而起。

### 3.1.3　PPP项目地区分布特征

根据《中共中央 国务院关于促进中部地区崛起的若干意见》《国务院关于实施西部大开发若干政策措施的通知》以及党的十六大报告的精神，我国的经济区域划分为东部、中部、西部和东北四大地区[①]。东部包括：北京、天津、河北、上海、江苏、浙江、福建、山东、广东和海南。中部包括：山西、安徽、江西、河南、湖北和湖南。西部包括：内蒙古、广西、重庆、四川、贵州、云南、西藏、陕西、甘肃、青海、宁夏和新疆。东北包括：辽宁、吉林和黑龙江。东部地区PPP项目几乎占全国一半比重，其次是中部和西部。从学者统计的历年累计项目量的省份分布看，福建、广东和江苏是PPP项目大省，西藏、青海和海南是该类项目最少的省份。而根据财政

---

① 资料来源：http://www.stats.gov.cn/ztjc/zthd/sjtjr/dejtjkfr/tjkp/201106/t20110613_71947.htm。

部PPP项目库近两年的数据，山东、河南、湖南项目数居前三位；贵州、湖南、河南项目投资额列前三位。落地项目数前三位是山东、新疆、安徽，合计占落地项目数的29.3%；落地项目投资额前三位是云南、山东、贵州，合计占落地项目投资额的24.5%。上述两个不同口径的数据显示出，东部是我国PPP发展较为成熟的地区，而山东、安徽、新疆、云南、贵州、河南、湖南则是近两年中PPP推进较快的省份。

  我国PPP融资发展的地域差异较大，全国范围内PPP项目分布呈现出梯状，这与地方经济发展类型有关，地方政府态度也是导致PPP分布状况不均的一个原因。以2007年福建省为例，当地政府颁布多项地方条例和易于模仿的特许经营合同范本，针对污泥处理、废弃物处理和燃气供应等多个领域展开实施，2008~2010年福建省成功实施了66个PPP项目。除财政收入和支出较高外，沿海城市人口密度大，对基础设施和公共服务的需求较高，也是当地政府热衷PPP的一个原因。另据中国政府采购报（2017）报道，河北省政府为了推广PPP模式，已经连续三年出台相关政策进行大力扶持，而且河北财政厅还配套颁布相关政策，在省直行业主管部门层面，推行了众多的实施细则文件，当地有11个设区市无一例外出台实施意见，建立了一套规定市场准入、财政税收配套、合同框架标准化等体系化、可依据、可遵循的体系化制度规范。2015~2017年，省级财政每年专门成立了3亿元专项资金，用于PPP项目前期工作和资本金注入，以奖补形式对PPP模式的推广给予资金支持。不仅如此，还对优质PPP项目专门设立了100亿元总规模的PPP京津冀协同发展基金，以便提供融资支持。这些地方政府的政策扶持成为社会资本进入PPP项目的有力推动。

  在PPP基础设施领域，广东是私人部门参与最为活跃的省份。据不完全统计，1990年至2014上半年，广东省的基础设施PPP项目数量占全国12%，投资金额亦超过全国的17%。此外，山东、江苏、浙江等地的基础设施PPP项目也较为普遍。1990年至2014上半年，山东和江苏省项目数量占全国9%以上，与广东一同位列"第一梯队"；浙江、安徽、辽宁、河北、四川和湖北，上述六省的该类项目量合计占比接近全国的30%，位列"第二梯队"。

  综上，从PPP在我国的历年数据统计及PPP项目库的近两年数据对比，可以看出共同趋势是东部发达地区PPP项目的推动时间较长，PPP市场发展时间长，而中西部省份PPP项目的持续推动力不足。

### 3.1.4 PPP项目部门分布特征

从项目所属部门来看，基础设施、水务（包括供水和污泥处理）占到PPP项目总数的54.6%，也是最大份额。排在第二的是市政设施（例如废弃物处理、供热）和交通（包括所有道路、桥梁、城市轨道和隧道）。出现这样的情况，主要原因有：①这些行业（部门）对私人部门而言通常具有很好的财务自持性；②每个项目投资额相对较小；③我国最早的试点项目主要集中在供水、交通和市政设施，因此，存在着路径依赖和"锁定效应"；④国防、监狱、医疗健康和义务教育领域，受限于国情、市场壁垒和政策性约束，在我国开放度不如发达国家，使得项目投融资的行业分布并不均匀。

而根据世界银行（WB）PPI数据库披露信息，我国占比最大的项目行业为水务和污水处理，其次为电力（能源）项目，天然气和道路类项目位居其后（图3-3）。因PPI数据库统计口径不包含国有企业投资，且统计的项目类型仅包括新建（Greenfield）、特许（Concessions）、剥离（Divestitures）和管理与租赁协议（Management and Lease Contract）四类，统计口径较小，但基本结论符合国内PPP发展趋势。

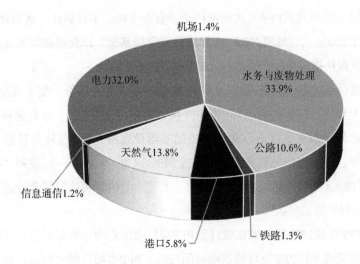

图3-3 我国PPP项目的部门分布比例
来源：根据世界银行PPI数据库资料自行绘制

就投资领域而言，目前中国PPP项目最大的资金投向是能源领域，电力、天然气等常规行业被包含在内。能源类PPP项目的数量占到整个数量的至少44%，在投资规模的统计占比几乎达到40%。在能源类项目中，天然气和电力项目数量之间的对比为2∶3。与此同时，在给水排水基建领域中，私人部门参与项目的积极性是比较高的。1990年至2014上半年，全国项目中的35%为给水排水类项目，其中主要以污水净化项目居多，该类项目的数量占全部项目的比重高达32%，远多于电力项目。

除了在上述领域外，交通、通信等基础设施建设领域的私人部门投资也十分普遍。例如，交通类项目的投资对象主要包括铁路、公路、港口、机场等，交通类中最高的投资规模是公路项目，港口项目排第二位；衡量单个项目的投资规模时，铁路成为交通类项目佼佼者。

综上所述，我国PPP领域的投资资金基本流入了基础设施领域，且硬基础设施类PPP项目居多，而软基础设施项目少。

### 3.1.5 PPP融资的主体参与特征

在PPP市场中，BOT方式在2002年之前成了主导类型，而外资在市场资金来源上提供了重要的推动力，为经济建设提供了重要支持。我国在基础设施投资领域对待外资的态度，从最初的限制转向引导其直接投入，有力地推动了境外资金进入以公用事业、交通运输业等为代表的基础设施项目。当时外商投资PPP项目的经典案例是广西来宾B电厂项目，其总投资金额较大，项目公司投资占比25%，该项目公司的股权，由通用电气·阿尔斯通公司和法国电力国际两家外资企业按4∶6的占股比例组建。

国内多个领域尤其基础设施领域内并行引入大量外资合作，主要是因为这种做法可以大力缓解当地政府的财政投资压力，通过引入外资可以有效提升管理技术和服务水平且享受到国家的税收优惠政策。以北京地铁4号线为例，采用PPP模式运作时，其项目总投资资金中有30%的部分由国内企业和外资企业——港铁集团共同出资组建，港铁公司出资额度在项目总额度中占比在15%以下。外资在PPP项目中的少量占比主要是因为来自政策层面的限制，例如《外商投资产业目录》（简称《目录》，表3-1），即便我国有关部门已经对该《目录》进行了修订且逐渐放宽了限制类条目的数量，可以看出，热力、燃气、通信（除电子商务外）等公用事业、社会工作、教育和卫生医疗等部分涉及的行业领域仍被列为限制和禁止类，外资企业并不能享受完全国民待遇，外资企业的参与度与国有企业完全不能相比。外商投资因受限于法制条件，在很多项目的参股中都不能触碰50%这一红线，因此，外资在PPP市场上份额最低。而随着非公有制资本市场准入我国的限制被逐步放宽，我国经济高速增长，各类社会资本进一步进入基础设施领域。金融危机爆发后，参与PPP项目的外资企业屈指可数。

《目录》的行业数目变化　　　　　　　　　　　　　表3-1

| 类型\年份 | 2011年《目录》行业数目 | 2015年《目录》行业数目 | 2017年《目录》行业数目 |
| --- | --- | --- | --- |
| 要求中方控股 | 44 | 35 | 23 |
| 限制类 | 79 | 38 | 35 |
| 合资经营（仅限部分行业） | 43 | 15 | 13 |

来源：根据史丁莎（2017）及发展改革委网站《外商投资产业目录》资料整理

　　2013年以来，在社会资本构成方面，国有企业占据了PPP市场绝对主导地位，而外资在PPP项目中的参与度依然较低。国企之所以占据主导地位，主要源自其资本实力、技术和组织规模的优势。尤其他们具有一定的政府背景和政治关联，政府倾向于优先选择国企，为国企与政府谈判带来了先天的地位优势。而外资投资占比较低的原因可能是国有企业和私营企业通过对国际PPP项目的学习和对过去经验的总结提升了自己在这一领域的专业性。另一方面外资企业逐渐失去先发优势和竞争优势，使得情况发生转变。

　　由上可知，参与PPP项目的投资者类型发生了根本转变，从外商企业引领，到国有企业占有绝对优势，民营企业参与程度有所好转。

### 3.1.6　PPP合同类型特征

　　我国PPP项目合同类型以BOT为主。一方面因为政府自1990年以来主导该合同类型。另一个重要的原因是因为多数地方政府采用PPP的初衷是为经济回报。BOT

模式下建设和融资责任能够转移给私人部门,地方政府偏好于采用它解决实际问题。

在世界银行的基础设施领域PPP项目分类标准中,新建项目、特许项目、剥离项目和管理与租赁协议项目成为主要类型。

(1)新建(Greenfield)项目,指私人企业或者公共与私人合资企业根据协议内容,在合同期内全新建造一个设施并投入运营,直至项目特许经营期末,公共部门才可以收回该设施产权。共有5个子类项目被包含在内:BLT模式(Build-Lease-Transfer,建造—租赁—转移)、BOT模式(Build-Operate-Transfer,建造—运营—转移)、BOO(Build-Own-Operate,建造—拥有—运营)、Merchant(商业)模式、Rental(租金)模式等。政府一般会按照照付不议合同为私人机构提供某种程度的收入保证,例如在前面三种类型中。

(2)特许(Concessions)项目,主要特征是私人部门承担其中主要的投资风险,并且在较长的约定期限内对公共部门基础设施进行管理。这类项目还可以继续被细分为三种类型:ROT(Rehabilitate-Operate-Transfer,修复—运营—转移)、RLT(Rehabilitate-Lease or Rent-Transfer,修复—租赁—转移)、BROT(Build-Rehabilitate-Operate-Transfer,建造—修复—运营—转移)模式。

(3)剥离(Divestitures)项目,主要指私人部门为了在国有企业中持有股份,便通过大规模私有化、公开估计股份或者利用资产出售等方式进行一系列活动。由于我国国情特殊,剥离型项目在整个领域的占比大约为15%,这意味着我国基础设施领域的PPP项目以部分剥离为主。

(4)管理与租赁协议(Management and Lease Contracts)项目,指公共部门为了保有该基础设施的所有权与投资决策权,仅对私人部门给予固定期限进行公共基础设施的管理。进一步地,该项目还可被分为两种类型,一是管理协议(Management Contract)模式,二是租赁协议(Lease Contract)模式。本书根据世界银行PPI数据库最新数据资料,绘制出我国基础设施PPP项目类型情况,如图3-4所示。

因此,遵循路径依赖特性,我国PPP项目类型中,BOT及其附属类型成为绝对主导,其他类型占比较低,彰显出我国在PPP模式发展的管理层面能力较弱,亟需建立外部环境对项目内部的激励传导机制。

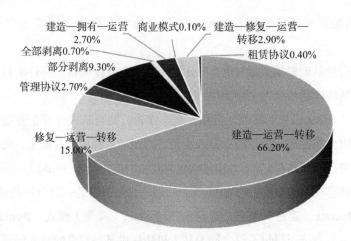

图3-4 我国基础设施PPP项目类型情况
来源：根据世界银行（WB）PPI数据库信息资料整理绘制

## 3.1.7 政府宏观政策对PPP发展规律的影响

PPP模式是一系列融资方式的总称，包含BOT、DBFO等多种形式，着重强调公私合作过程中的风险共担、优势互补与利益共享。它能够提高公共基础设施的投资效率与管理水平，满足公共基础设施日益增长的建设与运营需求并很大程度地减轻政府财政压力，这些独特的优势使得PPP模式被广泛采用。在我国发展历程中，多次受到政府宏观政策的影响和引导。

国务院在2010年颁发国发〔2010〕13号文件（即《国务院关于鼓励和引导民间投资健康发展的若干意见》），鼓励民间资本进入交通运输工程、水利电力建设、市政工程、矿产资源勘探与开发等可市场化运作的基础设施、市政建设和其他公共服务领域。于是PPP模式在公共设施和基础设施领域迎来新一轮的政策支持。2013年9月，国务院办公厅《关于政府向社会力量购买服务的指导意见》出台，PPP迎来新机遇。2014年9月，我国财政部在全国范围宣布开展PPP合作模式项目示范，并且以发布重要通知的方式推出这一决定，再次掀起了一股PPP热潮。

在我国宏观因素和经济周期作用下，PPP快速上升。我国原本采取的平台融资方式曾经是广为采纳的一种模式,但随着《国务院关于加强地方政府性债务管理的意见》(简称《意见》)规定的出台,平台融资面临随时被新的融资渠道和融资方式所替代的命运,在该《意见》出台之后,中央层面开始从宏观政策方面加强管理,严格强化中央对地方政府债务发行的监控力度。我们可以通过《中国城市建设统计年报》数据,看出国内固定资产投资实际到位资金中,"自筹"部分近年来持续增长(表3-2),一定程度上反映出民间资本的参与程度较之前有一定提升。

中国城市市政公用设施建设固定资产投资资金来源分类(单位:亿元) 表3-2

| 年份 | 上年结余 | 中央财政 | 地方财政 | 国内贷款 | 债券 | 外资 | 自筹 | 其他 |
|---|---|---|---|---|---|---|---|---|
| 2001 | 109 | 104.9 | 379.1 | 603.4 | 16.8 | 97.8 | 636.4 | 274.5 |
| 2002 | 111 | 96.3 | 516.9 | 743.8 | 7.3 | 109.6 | 866.3 | 365.7 |
| 2003 | 120.7 | 118.9 | 733.4 | 1435.4 | 17.4 | 90 | 1350.2 | 398 |
| 2004 | 267.9 | 63 | 938.4 | 1468 | 8.5 | 87.2 | 1372.9 | 445 |
| 2005 | 229 | 63.9 | 1050.6 | 1805.9 | 5.2 | 170 | 1728 | 453 |
| 2006 | 365.4 | 89.2 | 1339 | 1880.5 | 16.4 | 92.9 | 1638.1 | 379.2 |
| 2007 | 369.5 | 77.3 | 1925.7 | 1763.7 | 29.5 | 73.1 | 1635.7 | 409 |
| 2008 | 386.9 | 72.7 | 2143.9 | 2037.0 | 27.8 | 91.2 | 1980.1 | 537.6 |
| 2009 | 460.4 | 112.90 | 2705.10 | 4034.80 | 120.80 | 66.10 | 2487.10 | 950.70 |
| 2010 | 659.3 | 206.00 | 4465.60 | 4615.60 | 49.10 | 113.80 | 3058.90 | 1125.20 |
| 2011 | 648.9 | 166.33 | 4555.63 | 3992.76 | 111.56 | 100.34 | 3478.65 | 1103.87 |
| 2012 | 595.4 | 171.10 | 4446.60 | 4366.70 | 26.80 | 150.80 | 3740.50 | 1766.40 |
| 2013 | 987.5 | 147.50 | 3573.20 | 4218.00 | 41.80 | 62.20 | 4714.10 | 2377.70 |
| 2014 | 954 | 102.20 | 4135.20 | 4383.20 | 96.00 | 42.20 | 4294.70 | 2046.70 |
| 2015 | 1295 | 202.1 | 4406.4 | 3986.3 | 189.1 | 46.6 | 4258.0 | 2187.3 |

来源: 历年《中国城市建设统计年报》

另一方面,2014年以国务院《关于创新重点领域投融资机制鼓励社会投资的指导意见》为标志,明确提出推广PPP模式,规范选择项目合作伙伴,引入社会资本,鼓励地方政府在传统基础设施领域和公共事业领域采用PPP模式。近几年我国投资增速下降，由于经济周期因素的影响，民间投资活动整体活力不强，中央尤其地方政府将PPP模式视为振兴GDP、拉动我国投资发展的重要举措。同时，国内的市场利率水平较低伴有下行趋势，传统制造业和商业领域的投资风险凸显，挤出了大量资金，这些资金在寻找新利润点的过程中开始尝试PPP模式，此时，利用该模式进行公用事业项目投资和基础设施项目建设就受到了市场力量的关注。因此，PPP模式能否迅速发展，公共产品共计的能力得以快速提升，主要得益于政策引导和市场调节相互叠加的结果。

2015年，《政府工作报告》中提出增加公共产品、公共服务，在当时的经济形势下，关键问题是寻找到有效投资，此话一出，社会各界开始进行重大改革，将PPP模式引入公共服务的供给机制，甚至将其作为政府投入方式的一种主导力量。通过这样的改变，社会资本在PPP模式之中担当了资金主力的角色，此时政府的主要职责变为事后按照绩效付费，以前的事前功能则尽可能向私人部门进行转移。这样，公共部门获得了稳定的长期服务，私人部门可以获得可靠的长期收入。同期，积极财政政策当中也能看到将PPP模式作为政策突破点的趋势。

因此，在国家管理层看来，推广使用PPP在微观层面和宏观层面都是变革。PPP被提升到了促进国家治理现代化、市场发挥决定性作用、快速转变政府职能、建立现代财政制度和推进城镇化健康发展等体制机制变革的战略高度。截至2017年第一季度，PPP项目中的执行总投资额2.23万元。PPP项目投资完成额占基建投资完成额的比例已经从2016年第一季度的1.2%上升到了5.8%，保持了稳步上升趋势。2017年5月末，发展改革委公布了第二批PPP项目名单，用于树立典型案例，环保类项目在整个名单中占比达到约49%。此外，名单还涉及了很多相关行业，如固废处理、地下管廊、垃圾焚烧、海绵城市、热电联供热、流域治理、污水处理项目等。这批项目要比之前一批名单的容量有所扩充，而且新出现了海绵城市建设、地下管廊等类型，极大丰富了项目类型，为国内城镇化政策的深入推广奠定了牢固的基础。

由上可知，PPP模式所经历的每一个阶段都有其特殊的宏观政策背景，见表3-3。2017年11月，财政部印发92号文，对PPP项目库项目进行分类管理，按阶段划分为储备清单和项目管理库，前者用于孵化和推介，后者则接受全生命期内的严格监管。同时，统一了新项目入库标准并对已入库项目集中清理，至此拉开一场规范PPP项目的"战役"。受财政部92号文影响，各地金融机构和民间资本开始对PPP模式进入观望阶段，很多在建项目接收清查和审核，不合规项目被退库。理论界、实务界再次对PPP模式在国内发展的前景形成了较为分歧的看法。

中国PPP发展阶段的宏观背景　　　　　　　　　　表3-3

| 阶段 | 时间 | 宏观背景 |
| --- | --- | --- |
| 探索 | 1984~1993年 | 改革开放 |
| 试点 | 1994~2002年 | 确立社会主义市场经济体制 |
| 推广 | 2003~2008年 | 《市政公用事业特许经营管理办法》出台 |
| 反复 | 2009~2012年 | 金融危机和四万亿刺激计划 |
| 全新 | 2013年至今 | 市场在资源配置过程中发挥决定性作用 |

来源：根据郑传军（2017）绘制

## 3.2　PPP融资成熟市场的趋势分析

根据《2012年全球PPP市场》显示，发达国家因具备成熟透明的市场经济体系、法律环境、稳定政治承诺而备受投资人青睐。发达国家普遍建立了数量丰富、质量较高的项目库，项目流程更透明，因此主导了PPP融资的发展趋势。

PPP融资在国外的发展与经济周期息息相关。公共产品（或服务）供给中公众的需求、私营部门的投资动机和政府财政预算约束共同促成了PPP制度的变迁。20世纪50~60年代，西方黄金十年，各国普遍推行"福利国家"制度。20世纪70年代初，因中东石油危机和美元贬值，高福利国家纷纷陷入财政危机，对市场资金的依赖初现，"新公共管理"随之诞生。20世纪70年代末，"新公共管理运动"的热潮涌遍各国。英国、美国、加拿大和澳大利亚相继出台政策并成立有关部门，强力推行类似改革。但是这场改革没有解决"政府失灵"，却因私有化浪潮引发的公益性缺失受到社会各界的质疑。20世纪80年代起，各国政府意识到要基于公共利益来改善公共服务，单靠政府无法完成公共治理，必须有经济与社会组织的协助。于是这一系列公共产品供给方式的变迁，即政府单独供给、社会自主供给向多元合作供给模式的转变，就是PPP雏形阶段。由此产生了人们对PPP本质的认识，就是充分结合公、私部门的资源禀赋优势和实现相互合作的制度安排。2012年后危机时代，欧洲PPP实践中心（EPEC，2013）指出PPP市场容量降至近10年最低点，PPP世界发展再次遇到拐点。

经历几十年的积累，最发达的局域性PPP市场在欧洲。Public-Works-Finacing（PWF）的数据显示，1985~2011年基础设施PPP项目，欧洲约占全球PPP名义价值的45.6%，亚洲和澳大利亚份额为24.2%，美国和加拿大份额分别是8.8%和5.8%，非洲和中东地区PPP名义价值为315亿美元，占全球4.1%。其中PPP市场较为成熟的是英国，1990~2006年间，英国在交通基础设施领域通过PPP方式的融资规模高达500亿美元。此外，澳大利亚、西班牙、德国、法国等发达国家PPP项目的规模和管理水平居于领先。

全球金融危机对欧洲地区的PPP融资带来了较大冲击。2007年国际金融危机之后，欧洲基础设施实施PPP新项目约350个，总价值700亿欧元。危机期间，欧洲多数国家的PPP市场都有萎缩，2009年PPP合约的总价值比2007年下降50%，暂时中断了危机前欧洲PPP超常规增长的态势。1990~2009年，英国大约占到欧洲PPP项目的2/3，西班牙成为欧洲第二大PPP市场，大约占到项目总数的10%，法国、德国、意大利和葡萄牙各占2%~5%，以上六个国家占到欧洲PPP项目总数的92%，欧洲其他国家的PPP市场尚处于起步阶段。2006年以后，欧洲PPP市场出现了多样化，其他国家的重要性上升，而英国所占份额下降，但并未影响其欧洲最大市场地位，且市场主体的多样化趋势明显，项目分布于多个部门。2005~2009年，英国PPP分布情况如图3-5所示（按数目衡量，如图3-5a所示；从项目金额来看，如图3-5b所示）。而英国以外的欧洲大陆国家，PPP项目分布主要集中在交通运输业。2000~2009年，从数目来看，交通运输业项目所占比例为41%，从项目金额来看，交通运输业大约占76%，其次是教育和卫生，它们的数量合计占比为26%，金额合计占比11%，远低于同领域PPP项目所占的份额。由此可见，外部市场环境、融资环境对PPP融资及私人部门运营会造成显著的影响。

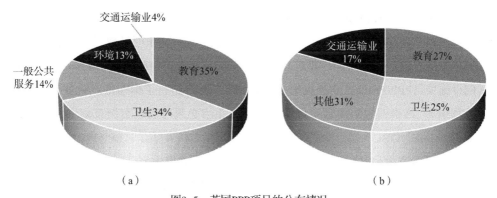

图3-5 英国PPP项目的分布情况
（a）英国PPP项目的部门分布比例；（b）英国PPP项目的价值分布比例
来源：根据Andreas Kappeler, Mathieu Nemoz (2010)资料整理绘制

## 3.3 成熟市场国家PPP融资发展特征与统计分析

经过长期的实践考验和发展改革，世界成熟PPP市场国家具备各自的PPP变迁轨迹，其中存在个因也存在共性的关键影响因素。因此，通过对代表国家发展变迁的关键特征分析，可以推断出融资对运营商努力的重要激励因素和激励影响，为建立系统分析框架提供现实依据。

### 3.3.1 英国PPP融资的市场环境分析

PPP模式从起源之初就聚焦融资。《欧洲区域规划报告》曾指出PPP发起于美国，也有学者曾指出20世纪80年代美国电力承购协议是较早的PPP契约模板，体现在以项目公司为核心建构融资体系，采用了"项目融资"方式。20世纪90年代初，英国电力产业改革采用了该契约，这种特殊的融资模式沿袭下来。英国是全球公认最早实施PPP的国家，主要实行方式是PFI（Private Finance Initiative，私人融资计划）。1992年财政部部长在秋季预算报告中宣布，允许私人资本在公共项目中发挥更大作用，标志着PFI模式正式启动，该模式一直持续到2012年改为PF2（Private Fiance 2，也叫小PFI），后来政府又创新了VFM评价方法。

英国PPP具备对运营商较为完善的管理流程，因此PPP项目数量一直较高，且2008年全球金融危机发生之前具有较高的上升趋势。英国财政部（HM Treasury）将基础设施项目PPP/PFI模式立项决策中的VFM评价程序进行了标准化，颁布了《VFM评价指引》。该指引规定项目评价阶段的项目小组必须对商业案例策划书（Outline Business Case，OBC）进行分析，使用定性或定量方法评估项目PPP/PFI模式的VFM值。如果可能产生最佳VFM，则对OBC补充该评估流程内容，继续项目采购流程；反之，则需考虑公共部门传统采购模式等进行替代，同时终止PPP招标投标程序（图3-6）。与政府债券融资不同之处在于，政府角色变为服务采购者，付费支出只有在项目投入运营之后才产生，建设运营风险转移给私人投资者承担。

英国多数公共部门都有过与私人部门合作的经验。2014～2015年，英国政府支付的"单位付费"（Unitary Charge Payment）项目金额分别为103亿英镑和105亿英镑，这一趋势一直持续到2016年，根据英国财政部报告内容，政府财政支付责任所涉及

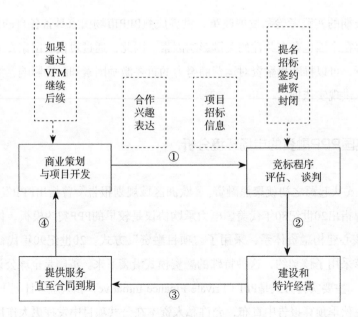

图3-6　英国PPP/PFI关系联合体
来源：根据Chris Clifton，Colin F.Duffield（2006）资料整理绘制

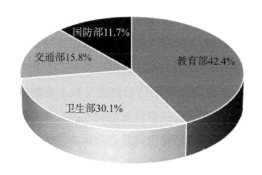

图3-7 资金到位的PPP项目部门分布比例
（截至2012年）
来源：根据刘晓凯（2015）资料整理绘制

的资金量从2016年顶点开始明显下降，直到2051年可以完成所有项目生命周期内的支付义务。截至2016年3月底，英国处于建设期或运营期的项目资本总额共计594亿英镑，PFI/PF2项目共计716项，其中有686项已经进入运营期，多个项目顺利到期，项目主导投资方向为医疗、教育、国防和交通（图3-7）。除此之外，PFI还广泛用于国防等领域，如空中加油机的采购、海岸防务、空中交通管制等。

对于本国公共部门和私人企业合作提供公共服务的方式，英国长期保持着两种完全对立的声音。一方面，学者和部分机构观点认为PFI/PF2有效缓解了政府的财政预算约束，将私人部门的创造性发挥到极致，同时在项目高级债发行便利中，由于引入了外部债权人的监督机制，能够间接提升私人部门的运营努力和公共服务质量。在进入运营期的项目列表中，可以清晰地看到项目股东和股权比例结构的多样性。英国财政部网站公布的国家PFI/PF2项目清单中，从1993年至今，包括到期项目共计1514项，716项进入运营期。以2000年开始运营的New Craigs Hospital项目为例，项目私人股东苏格兰皇家银行的持股比例为100%；另外还有一些专门从事PFI项目的私人咨询公司持股大量项目，股权比例从10%～100%不等，代替政府实施项目管理。此时，政府角色转变为采购方，延迟现金支付仅对私人部门进行监控，因此可以实现三方多赢。然而另一方面，反对声从未停止。例如从2006年起，英国PFI项目总数和总资本额呈现较大下滑，项目融资效率低下。2008年金融危机期间，一份北爱尔兰公共事务联盟的报告更是声明财政负担因该模式加重，建议暂停一切项目并独立评估政府的公共投资政策。

在英国PPP/PFI市场上，金融力量不容忽视。以2004年英国德比的卫生保健院项目为例，该项目为当年英国最大项目，而法国巴黎银行因承接了该项目债务发行，间接奠定了其在项目债券市场的优势地位。这一金融机构除了一般的商业信贷、出口信贷、能源信贷业务外，还专门从事项目融资，为英国PFI医疗项目寻找国内外更多的优势资金来源。同时，英国PFI项目中政府股权的加入，意味着3A级信用的隐性支持，间接达到增信效果，始终使债权停留在投资级。在PPP/PFI项目中，高级债由第三方（外部金融机构）提供，而次级债一般由SPV股东发行。将融资成本由高到低排列，资金来源依次为股东权益融资、股东借款或债券融资、第三方高级债券。金融危机之前，几家牵头银行兜底全部的高级债权，待融资封闭期之后再去寻找辛迪加银团。然而危机之后，只有当所有参与行将自己完成了出资份额注入之后才进入融资封闭。危机之前四五家银行就能组成一个辛迪加，通过激烈竞争降低资金价格，然而危机后的资金成本大幅提高，再融资成本进一步上升。承包商权益出资和股权投资者都偏好短期投资，附加了在第7～10年进行项目再融资的条件。再融资越频繁，利率条件变化频率越高，对项目的影响越大，更容易诱发再谈判。随着未来的融资环境不确定性增强，市场环境对PPP融资的影响会更加显著。

英国PPP/PFI项目融资的成功，主要得益于竞争性的融资招标。在获得项目债权之后，由于金融机构的期限偏好短于PPP/PFI项目周期，因此，拥有项目债权的金融机构可以随时在市场上出售项目贷款，这样能够间接引入更多更广泛类型的金融机构介入PPP/PFI项目管理活动中来，为项目提供源源不断的资金。2008～2009年间，英国PPP/PFI面临困境。项目无法获得充足资金，即便完成融资封闭的项目也未必按时开工。外界商业环节的低迷造成项目数量下降。为了保证项目不受商业环境的过多影响，英国财政部成立了基础设施融资机构（The Infrastructure Finance Unit，缩写TIFU）。但同期数据显示，英国2012年PPP市场表现成为近十年来历史最低。

PPP项目资金的支付是一种延期支付机制。当项目达到可用性标准时，政府定期支付现金流，覆盖私人部门的资本成本和资本收益，以及融资成本。为尽快完成融资，联合体一般会给予股权投资人丰厚的股权分红以及SPV利润分成，他们退出项目时还可通过出售股份获得大量利润。不仅如此，股权投资人可以将项目的建设和管理分包给关联集团公司，获得项目上的更多收益。改革后的PF2限制了股权投资人的分红，允许政府分享股权分红。目的是降低股权投资人的超额利润和第二市场出售股权的收益，将股权投资人的利润来源转为项目筹集资金在使用过程中的节约部分，同时引入政府股权来平衡私人部门过高的风险溢价。最初英国PFI融资市场存在很多不确定性，对风险类型的识别和定价不精确。随着评估工具的发展，才逐渐优化了风险定价过程，越来越多的风险被纳入评估公式进行定价。投资资金规模越来越大，市场越来越健全，实现退出的二级市场也逐渐发展起来。

综上所述，英国PPP/PFI发展历程中，PPP融资对项目后期至关重要，在此过程中，外部的市场环境、金融市场结构对项目运营直接产生了极大影响，对私人企业努力也产生了外部冲击。

### 3.3.2 加拿大PPP融资的金融机构、竞标质量管理分析

加拿大PPP市场上推出的项目以医疗和交通为主，两部门项目数量占比72%，价值占比84%。效率方面，有90%的项目都能按期执行。自本轮金融危机以来，世界多国PPP发展迟缓，而加拿大PPP市场持续活跃（表3-4、表3-5）。加拿大PPP委员会的白皮书认为，加拿大可以作为PPP的最佳实践市场。穆迪也认为加拿大PPP模式最为成熟，加拿大PPP项目绩效得到全球范围内的认同。

PPP项目分类（按部门） 表3-4

| 部门 | 项目数量 | 总合同价值加元（百万） | 平均合同价值加元（百万） | 平均竞标周期（月） |
| --- | --- | --- | --- | --- |
| 健康 | 70 | 27427.19 | 391.817 | 18.5 |
| 交通 | 39 | 43028.00 | 1103.282 | 18.0 |
| 司法 | 14 | 5529.60 | 394.971 | 20.0 |
| 文化 | 10 | 1875.60 | 187.560 | 22.0 |
| 教育 | 8 | 2179.29 | 272.411 | 14.4 |
| 其他 | 8 | 2404.50 | 300.562 | 15.9 |
| 总计 | 149 | 82444.18 | 553.317 | 18.4 |

来源：根据Carter Casady（2016）整理

PPP项目分类（按类型） 表3-5

| PPP类型 | 项目数量 | 总合同价值加元（百万） | 平均合同价值加元（百万） | 平均竞标周期（月） |
| --- | --- | --- | --- | --- |
| DBFM | 60 | 44253.55 | 737.559 | 19.9 |
| DBFMO | 34 | 25427.90 | 747.879 | 19.1 |
| BF | 30 | 4330.30 | 144.343 | 14.6 |

续表

| PPP类型 | 项目数量 | 总合同价值加元（百万） | 平均合同价值加元（百万） | 平均竞标周期（月） |
|---|---|---|---|---|
| DBF | 14 | 4361.13 | 311.509 | 19.4 |
| DBFO | 8 | 2684.80 | 335.600 | 16.7 |
| BFM | 3 | 1386.50 | 462.167 | 17.0 |
| 总计 | 149 | 82444.18 | 553.317 | 18.4 |

来源：根据Carter Casady（2016）整理

PPP最初在加拿大的发展主要由省级政府推动，经过多年积累，已形成特点鲜明的加拿大模式。在过去的20年中，通过PPP推动大型基础设施建设越来越普遍。截至2017年，加拿大共推行了1207亿加元、共计255个PPP项目，包括安大略湖、不列颠哥伦比亚、亚伯达和魁北克几个大省自2004年以来推行的项目，这些省份还纷纷成立了专门促进PPP发展的部门。加拿大最早的PPP项目是由不列颠哥伦比亚在2002年推出的项目，随后便是魁北克省和安大略湖省分别于2005年和2006年推出的项目。为了进一步推动PPP市场，加拿大政府于2009年成立了PPP局负责将12亿加元基金用于各省市PPP项目采购。从2004～2015年，总项目219个当中共有189个项目落地，且主要分布于医疗和交通领域。

在PPP融资方面，加拿大养老基金不断为PPP市场输送大量资金，几乎占到基础设施投资总资产的5%，而国际平均水平仅1%。PPP项目长周期的特性恰好吻合了养老金的长期负债结构，且项目未来长期的稳定收入流恰好弥补了养老金风险敞口。即便加拿大市场金融再保险公司较少，但完全不会影响PPP市场的发展，信用等级不同的PPP融资工具满足了不同偏好的金融机构投资需要。加拿大PPP委员会曾在2014年对近10年间的国内PPP进行过经济绩效评价，认为PPP在经济发展、就业创造方面具有强大优势，帮助公共部门节约百亿成本。PPP委员会官方认为项目储备、高效招标、多元融资和政治环境是加拿大PPP领先于多国的关键所在。与英国相比，加拿大PPP的平均竞标周期为18个月，英国平均34.8个月，爱尔兰平均34个月。谈判周期的长短又再次印证了加拿大在项目、资本等方面的优势地位，也间接证明加拿大PPP融资对项目管理中运营商的激励作用在实践中起到了较为明显的作用。

因此，加拿大PPP市场发展的经验主要聚焦在其金融市场、PPP项目竞标阶段设计质量的独特管理方式对运营商的激励作用。对于PPP风险转移，政府并没有一味地将风险尽可能转向私人部门，尤其收入和需求风险，这和其他国家做法不甚相同。且政府始终强调在PPP项目公司进驻技术团队提高项目设计质量以便合理规制私人部门的供应标准，降低运营商的外部性成本，增强政府对资产的控制能力。

### 3.3.3 美国PPP融资的政府承诺分析

美国PPP的发展是在原有公共信贷体系之中复合私人融资功能逐渐演化而成的。以美国交通基础设施项目为例，一般基金、《联邦资助公路法案》和《联邦公路税收法案》是20世纪美国交通项目的主要融资方式。从20世纪末开始，通货膨胀和美国政府新制定的公司平均燃料经济标准，减少了基于油耗征收的燃油税，而电动车的发展进一步降低了燃油税及相关税费收入，导致了联邦公路信托基金收入持续低于国会批准的每年的支出水平。基础设施需求不断增长而设施维护资金缺口扩大，美国各级政府开始探索PPP模式。

2007年爆发金融危机，经济衰退和高油价导致燃油消费降低，美国再次启动复兴和再投资相关法案，带动私营资本进入。为了刺激美国经济复苏，各级政府将注意力放到基础设施投资。2009年实施的《美国复兴和再投资法案》（American Recovery and Reinvestment Act-ARRA）规定资金很大部分专用于公路和桥梁的投资，并以此契机带动私营资本进入。2008年前后，一些州自发地在交通部门内成立PPP中心。例如，密歇根州在2008年成立"PPP办公室"（Michigan Office for PPPs），负责在全州推广PPP；加利福尼亚州在2009年通过PPP法案，授权成立"公共基础设施顾问委员会"（Public Infrastructure Advisory Commission），帮助交通部门发展PPP项目；弗吉尼亚州于2010年成立"交通PPP办公室"（Office of Transportation Public-Private Partnerships），负责制定、实施并且管理该州的交通类PPP项目；肯塔基州在2016年的众议院法案中（House Bill 309）授权成立"地方政府PPP董事会"（Kentucky Local Government Public-Private Partnership Board）来监督PPP的实施；新罕布什尔州2016年参议院法案（Senate Bill 549）授权成立"PPP监督小组"（P3 Infrastructure Oversight Commission）来负责PPP项目的审批。

《2012年全球PPP市场》报告指出，美国PPP市场起步晚，整体落后于全球PPP步伐，从未形成稳定的PPP业务流。在传统模式不能满足路桥发展需求的压力下，2010年以来，美国PPP项目数量和规模开始逐步增加。私人投资开始涉足更多环节，在提供设计和建造服务（BOT项目）之外，私人投资在项目融资、运营和维护领域开始与政府投资相竞争。目前，PPP模式已延伸到了美国几乎所有公共部门，从交通运输、学校、医院、监狱、输油管道、垃圾处理，到军事、航空航天等领域，私人部门参与基础设施建设的力度日益加强。

　　奥巴马政府2014年提出的《建设美国投资提案》，在政府层面提振私人投资并扩大PPP市场。据计算，2005~2014年美国有58个DBFOM项目（总价值为610亿美元）进入正式宣布阶段，已完成总价值为390亿美元的40个项目。美国公共政策研究机构Brookings Institute的研究表明，1985~2011年，美国基础设施PPP投资仅占全球9%。美国1986~2012年完成融资的PPP项目在不同行业的应用情况如图3-8所示。

　　美国公共设施和基础建设近年来因财政紧缩而呈现下降态势，促使美国政府转向PPP融资并提供诸多政府信用承诺工具。美国对基础设施PPP项目的资助主要通过政策法案支持，最为突出的主要在公路交通和轨道交通两类部门。美国交通部（U.S. Department of Transportation）根据2016年标号公共法114-94的美国道路交通修复法案（Fixing America's Surface Transportation Act），专门成立了国家地面交通与创新金融局（简称建设局，Build America Bureau），连续出台多种政策，其中最新最具影响力的政策包括《交通基础建设融资和创新法案》（Transportation Infrastructure Finance and Innovation Act，TIFIA）和《铁路修缮融资计划》（Railroad Rehabilitation & Improvement Financing，RRIF）。TIFIA和RRIF信用计划是独立运行的两个计划，作为美国交通部的重要工具，二者在本质作用上一

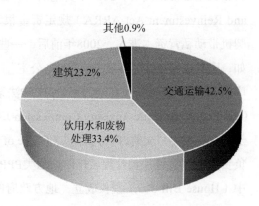

图3-8　美国资金到位的PPP项目部门分布比例（截至2012年）
来源：根据Bruno Werneck & Mário Saadi（2015）资料整理绘制

致。事实上，在美国交通部能够提供TIFIA和RRIF信用扶持之前，联邦信用改革法案早在1990年就要求美国交通部创建可以覆盖联邦政府基础建设长期成本的资金储备，包括承担任何可预期的信用损失。充分体现出政府承诺和信用支持在美国PPP项目中具有重要的影响作用。

美国对基础建设项目通过政府承诺和信用担保撬动私人资本参与，即PPP融资，并从中选择资质较好并获得政府认可的企业联合体。根据TIFIA的计划，美国交通部宣布的2016~2020年可利用授权融资（Available Authorized Fund）总额达到14亿3500万美元，其中2016和2017财年额度2亿7500万美元，2018年2亿8500万美元，2019和2018年则计划达到3亿美元。通过这些政府授权融资的杠杆效应，可带来另外200亿美元的潜在私人融资。RRIF计划则主要通过提供直接贷款和贷款担保最终实现对美国交通基础建设350亿美元的融资支持，其中不少于70亿美元用于改善铁路货运系统。为了控制风险贴水和限于财政资金约束，目前RRIF的资金使用者限于由政府决定的申请人或者代表申请人的非联邦企业联合体。

美国政府通过运营商提供的相关资料甄别企业资质和运营能力，并对运营商在项目管理中的努力水平作出合理推断。根据美国交通部建设局的相关基础建设融资法案可以看出，TIFIA和RRIF项目融资申请者的筛选和资助是项目至关重要的环节，为此相关融资法案对融资申请流程做出了至少存在11个步骤的详细规定。项目发起人首先向建设局提出项目需求和技术援助的具体内容，将融资申请书提交给主管部门，若交通部提出需求，则项目发起人还应提交补充材料和初期评估材料；此后，项目发起人应向交通部进行口头汇报并提交完整申请材料，交通部在接到完整申请材料30天内将会告知项目发起人材料的完整性问题，并做好评估和向交通部信用与融资委员会进行推荐；交通部信用与融资委员会将向秘书长提出建议，并由秘书长做出最终决定；如果申请获批，交通部信用与融资委员会将在60内告知项目发起人，并在此后条款表、执行信用协议和贷款协议，最终将在信用协议满足要求之后发放贷款。基础建设项目中由政府向项目提供贷款时，非常重视项目发起人的资质和信用材料，以最大程度降低风险损失。另一视角而言，在公私合营项目中，政府倾向于通过某种形式的金融支持或补贴来确保项目的顺利进展。为了可持续，TIFIA对项目给予的信贷或担保支持不超过项目成本的49%，备用信用不得超过项目成本33%。这样便更多利用私人资源，提升服务质量，PPP模式开始深入发展。

由于美国PPP市场中的私人资本占比相对英国、加拿大市场较低，基于此，PPP在美国仍属于新兴模式，各州对PPP理解和接受程度不一，各州间发展不均衡，但美国非常重视PPP激励作用的发挥。进入后危机时代，发达国家PPP市场呈现不同程度的回落，2017年上半年，美国仅有一项洛杉矶铁路缆索修复项目完成了融资封闭，而另一项信用级别较高的PPP交通项目没有按期获得美国TIFIA信贷支持，导致项目延迟。政府预算资金的削减，减弱了TIFIA信贷的资金来源，私人资本融资的效率性也随之下降。由此可见，政府信用支持、政府承诺和担保力度的强弱对私部门推动PPP的影响非常明显，对运营商努力造成直接的效率影响。

## 3.4 PPP成熟市场国家运营商努力的激励影响因素

通过上文对成熟市场国家的PPP融资发展历程的统计分析和实践情况分析，在PPP推广过程中这些国家具有一些显著的能够推动运营商努力的激励因素：

（1）政府的承诺、担保主导性和严格的股权管理

从典型国家PPP融资发展趋势分析中得出，无论金融市场发达程度与否，政府在PPP融资中的信用支持，如承诺、担保、信用保函等方式有助于提升项目信用等级，有助于提升运营商在竞标、融资、建设和运营等多个环节的努力水平。由于国外市场较为发达，公共部门主要负责项目战略和项目审批，由私人部门较为独立地完成项目融资，不用过度依赖政府与私人资本共同出资成立项目公司。从股权管理来看，因其涉及直接股权激励，期限越长的PPP项目对股权管理敏感度越高。对于股权较为集中的项目而言，大股东变更必须经过公共部门批准和公示，并且对股权转让收取一定的管理费，以此限制权益投资者只依靠股权转让来获取丰厚溢价却伤害项目运营的做法。因此，很多国家PPP发展经历了股权集中向股权相对分散的方向转变，为了引入监督激励，政府股权比例又出现略微上升，可以不参与股权分红，但具有一票否决权，以此来监督并激励运营商提升努力水平，优化项目建设运营。公共部门作为PPP项目的发起人，在项目公司中担任参与者和监督者双重身份，完全不同于常规公司中的股东角色。国际范围内，PPP模式的项目股权结构没有统一的范式可循，项目之间

差异巨大。但各国通过建立各具特色的项目内部微观管理机制，将政府支持和外部因素的正面激励影响导入项目内部，对运营商努力产生一定的激励效果，推动项目更快更好地实施。

以英国为例，英国公共部门出台PF2改革规定之前，也存在公共投入财务增加、施工建筑水平低、项目定价偏高等问题。新颁布的PF2强调英国政府可以作为小股东担当PPP项目的共同投资，在公共机构股权、制度流程、物有所值等方面进行了很多改革，致力于消除浪费、改进效率，有效化解PFI模式中存在的股权融资、透明度、风险分配、债务融资、性价比等多方面问题，在PF2中私人部门对基础设施负责设计、融资、建设和维护环节；公共部门在PPP项目中参与一定的股份，与社会资本方共同承担项目成本和收益方面的风险。如此不但缓解了公共部门和私人资本方之间的竞争，减少信息不对称，同时也有利于减轻私人资本资金压力，实现公共部门和私人资本的共赢。

（2）拓宽PPP项目的行业部门

在各国PPP模式推广中，国际发展较为一致的特点是项目涉及的医疗和教育项目逐渐增多，基础设施、市政等领域项目的推行跟各国国情联系密切。欧洲国家作为高福利经济体的代表，PPP项目广泛应用于医疗体系和教育体系，公共安全和一般公共服务。项目所在部门的分布虽然也有比重高低之分，但没有完全偏颇于交通、市政方面，整体比较平衡。由于部门之间的属性特征不同，因此交通项目一般数量少但单个项目投资金额大，而医院和教育方面的项目一般投资额小，但项目数量相对较多。因此，广泛的部门分布为运营商提供了更多优质项目和选择机会，有利于运营商收益风险平衡配置，提升运营商在项目管理方面的精力投入和必要的效率改进方面的投入。

（3）组建专门的机构

对于PPP的良性发展，各国普遍在国家政策层面规定了PPP模式的适用性。在管理方面，很多国家根据PPP发展的实际情况，不断更新有关文件、政策、法律法规，对相关概念进行外延式扩展，对新的合作方式进行定义。推出各种合同范本，在财政部下成立专门的PPP委员会和各类专门机构，建立专门解决PPP上诉和纠纷的机构，以加强法律监管并保护参与PPP投资的私人经营者的合法利益。以英国为例，英国

PPP的管制框架主要由三部分组成：一为相关政策，起到宣传性作用；二为PPP指引，起到解释性作用；三为PPP标准化合同，起到法律作用。以上三部分组成了PPP制度框架中的政策环境、支持条件、管理方式以及规范和制约要求。

各国政策能够明确规定PPP相关计划、采购、合同、付费、参与者范围和条件等内容；而具体的操作性细节也通过指引进行专业解释，对政策加深了技术上的细化，确保PPP项目每个环节都能得到专业指导。不仅如此，各国政府在于私人经营者合作的过程中，重视第三方和相关组织的培养和引入。综合来看，成熟的PPP发展不仅是在项目层面建立科学的管理方法，更是基于宏观层面建立与实践活动配适性较强的治理机制，这种做法能够减弱私人企业对政府的不信任和劣势谈判地位，对于保障运营商合法利益和项目进展提供了有利基础。

（4）引入大量金融机构并健全资金退出机制

通过分析典型国家的PPP发展历程，凡是PPP市场成熟的国家，其本身都具备了发达的金融市场、资本市场和产权交易市场。这些市场的存在，为撬动私人资本提供了杠杆。不仅如此，各国政府还不断引进专业从事PPP融资的金融机构代理发行各种期限、收益、风险组合的债券及其证券化，各种专业领域的PPP基金，外资金融机构、跨区域的大型金融集团，甚至养老基金的参与，都为PPP的发展提供了大量资金。因此，国外PPP项目中的自有资金部分主要依靠的并不是私人资本，而是通过私人资本灵活的融资方式，借助专业市场平台、政策性优惠贷款和政府的隐性支持，尽一切可能降低现有的融资成本，提高融资效率。

另一方面，PPP项目周期过长，而私人资本追逐短期收益，期限的不匹配要求必须有一个稳定的资金退出机制来保障私人经营者能迅速回收资金。为此，很多国家专门为PPP搭建对接市场通道，甚至成立专门的信托基金（如美国的水循环基金）保障PPP融资循环效应，推动PPP项目上市、债券发行和股权转让，对于股权占比较高的主要股东进行股权转让严格管理，缴纳一定转让金抑制其对短期股权溢价的追求，引导运营商在项目实施过程中关注长期利益，不断提升努力水平，提升项目产出和管理效率。

## 3.5 运营商努力的激励路径系统分析

上文通过对我国进行PPP融资的相关统计分析,揭示了其发展规律,又通过对国外成熟市场和国家的PPP融资进行统计分析与特征分析后,揭示了对运营商努力较为重要的潜在激励因素。因此,下文将结合理论进行运营商努力的激励传导机制分析,系统构建运营商努力的激励路径。

### 3.5.1 PPP融资的委托-代理分析

从PPP项目的整个生命周期看,项目从竞标、融资、建设运营等各个阶段存在着不同主体之间的委托-代理关系。

竞标阶段,公共部门与中标运营商之间存在委托-代理关系;同时,参与竞标的运营商与设计公司、咨询公司或代理招标投标公司之间也存在委托-代理关系。为增加投标获胜概率,想要参与PPP项目的运营商会主动聘请设计公司、咨询公司或代理招标投标公司完成该阶段的相关活动,竞标结果和竞标效率很大程度上取决于运营商对该层次委托-代理关系的管理。同时,项目磋商阶段要求最少有2家参与企业,进入正式竞标则需要3家以上企业参与,一旦产生中标企业,那么政府委托代理部门与之签订项目协议,分别完成资本金注资后成立项目公司,则意味着公共部门与运营商委托-代理关系正式确立。

融资阶段,参与PPP融资的运营商面对项目公司资本金以及未来巨大的建设资金需求,需提前完成财务预测和融资。外部提供资金的市场主体如金融机构或其他企业可以通过股权或债权方式注入资金。此时,外部股东和融资过程中的运营商之间形成委托-代理关系,即对运营商提出股权红利和股权价值的要求。同时,外部债权人允许运营商使用注入的资金,但同时要求运营商按时按质披露财务数据、完成还款义务,二者之间也存在稳定的委托-代理关系。

建设运营阶段,运营商与公共部门之间存在着进一步的委托-代理关系。运营商需要按照公共部门的产出要求和质量标准进行项目建设,按期交付使用;同时在运营过程中需要按照公共部门规定的绩效标准提供较高水平服务。未完成上述任务,运营商可以选择自己建设、自己运营PPP项目，也可以选择分包商、服务公司或运维公司承包建设运营阶段任务，因此形成了更多层次更为复杂的委托-代理关系。

综上所述，从PPP项目生命周期来看，每个阶段存在相应的若干委托-代理关系；同时，从不同主体如公共部门、运营商和各类辅助专业公司、金融机构之间又形成具体的委托-代理关系，整个PPP项目其实就是委托-代理关系集合。在此基础之上，如果整个项目周期内伴随着股权转让、债权人更迭的情况，那么委托-代理关系更为复杂多变。因此，根据现代公司治理理论，PPP项目管理应降低委托-代理成本。然而在委托-代理模型下，由于委托人与代理人之间信息不对称带来两大问题：逆向选择和道德风险。逆选择指的是公共部门在竞标阶段可能会选择一个不合适的运营商；道德风险描述的是运营商未必能按照委托人利益行事。而理论上能够解决委托-代理问题的方法主要有三类：竞争（Fama, 1980; Müller, Turner, 2005）、监管（Alchian, Demsetz, 1972; Strausz, 1997）和激励（Holmstrom, Milgrom, 1991; Laffont, Martimort, 2002）。下面就从激励角度研究PPP融资是否能对运营商努力产生正面作用。为了深入分析和研究，下文先对PPP融资内部的激励机制进行剖析。

### 3.5.2 外部市场对运营商努力的激励影响

PPP项目最终产出不仅取决于各个参与方的生产性努力，还受外部的不确定性影响。在前文1.3.1 PPP融资的研究现状中，项目宏观层面的风险如外部经济环境的影响较为突出，尤其当金融机构参与PPP融资时，会将外部市场因素代入项目内部逐渐转化为微观层面的影响和风险，因此，有必要分析外部市场环境如何对PPP融资的内部激励机制产生冲击。PPP模式下，项目实施以私人运营商为主体，且其在SPV中的股权比例至少51%以上，这就决定了公共产品（服务）的供给主体是寻求私人利益的运营商。与传统的公共项目提供方式相比，PPP因其产权结构赋予运营商剩余索取权，可激励运营商提高产出率，从而保证降低社会成本。从激励的角度讲，如果政府想借助私人运营商进一步实现既定的公益性目标，就必须有效激励和约束运营商，从而使其在追求私人利益的同时恰好实现政府公益性目标。

从理论上讲，PPP机制的"双赢"体现在政府为运营商设置了双重目标，即通过运营商满足自利性要求，进一步促使其在运营努力行为之上产生外部溢出，提升公众福利。然而，运营商是否能够复合实现上述两个目标，是个值得思考的问题。首先，基于上文对PPP特征的分析可知，其流程环节冗长，会带来较为突出的信息不对称问题，即便运营商的目标函数中只有自利性目标，公共部门也不能轻易获得观测；其次，上文对国内外PPP融资进行对比研究时发现，外部市场尤其金融市场的变化、宏观经济的调整和政府行为的变化，都很容易冲击PPP融资进程，进而影响PPP项目的落地。因此，当外部冲击发生时，私人运营商退出市场的行为，足以证明PPP模式中的双重目标偏好不可能被实现，尤其私人偏好在这一情境之下会选择营利性目标，放弃社会理性目标，原有的机制安排和激励机制便会失去或减弱效力。

根据前文2.1和2.2的研究，结合政府推行PPP的目标，可将运营商在项目中付出的努力分为两部分，即自益性努力和公益性努力。在建设运营过程中假设运营商的努力成本总支出存在约束，那就意味着其在自益性努力和公益性努力带来的产出面临着成本约束之下的各种组合。在图3-9中，HABCD曲线是PPP运营商在预算支出一定的前提下，能提供的努力水平的各种组合结果。在政府引导前，私人运营商往往会在D点配置资源，通过D点可知，运营商的自益性努力为OM单位，而公益性努力为OE单位。当下众多运营商进入PPP领域时，很多都是以施工单位为主体，由于运营期过长等多种原因，他们对运营阶段的参与兴趣并不高，因此在公益性努力上不愿支出更多预算。在英国PFI医院项目中，就曾出现过运营商为削减运营成本而降低医院员工数量的事件或减少床位数量等降低社会福利的做法，即便这种做法招致政府罚款，导致自益性支出增加。在整条可能性边界上，A、D点之间相互替代，最符合运营商短期商业利益的D点，其公益性努力水平较差，不符合社会理性选择；而图中的A点，虽然与运营商利润最大化相悖，但因为具有较高的公益性努力水平，较为符合社会理性选择。综合考量，从社会理性角度来看，理想状态应该是A点，即OI单位公益性努力和OL单位的自益性努力。

事实上，对于政府而言，要激励运营商提高公益性努力本身也是一个两难的选择。由于PPP项目所在部门一般都属于公用事业、市政部门，参与PPP项目的运营商在运营期内都会面临一定水平的公益性努力的支出，在很多失败案例中，运营商提出再谈判一般要求提价或增加政府支付水平，如果协商破裂，运营商丧失继续参与投资

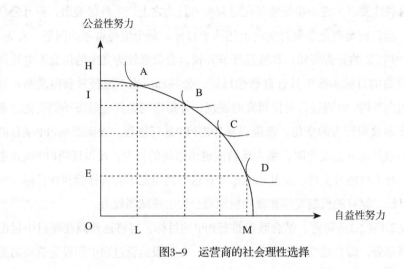

图3-9 运营商的社会理性选择

的积极性,更有可能发生在项目过程中将人事和管理资源从项目转移的情况。另一方面,持续性激励运营商提升公益性努力,会增加政府的财政压力,导致短期预算失衡。因此,对政府而言最优的结果就是一种折中状态,如图3-9中B点所示,即在一定的激励水平下,促使运营商选择一个能将社会福利损失降到最低点的公益性努力水平。

因此,从运营努力水平的选择看,运营商会从经济本质上倾向性地降低整体公益性努力水平。如果政府想要运营商维持在图3-9B点水平,就必须看政府激励相容措施的持久性如何,尤其当遇到外部冲击的时候。在PPP项目运作过程中,首先产生项目与外部市场对接的就是融资环节。在这个环节,项目资金的投入除了要考虑经济成本,还要考虑机会成本。对于运营商而言,自有资金进入PPP项目意味着丧失其他投资机会,尤其当其他投资市场的资本品价格上升时,原先进入PPP项目的运营商资金的机会成本上升,这会导致政府原来PPP融资的内在机制性激励效果下降,可能引发运营商的机会主义行为,即从图3-9B点向C点移动。进一步地,当存在PPP生命周期内的多阶段任务绑定时,外部融资市场的冲击对运营商各阶段努力水平会产生哪些具体的影响呢?外部影响叠加内部激励机制的影响,最终如何能够提升运营商努力呢?这是下文重点建模分析的内容,也是本书重点研究内容之一。

## 3.5.3 PPP融资对运营商努力的内部激励传导研究

PPP融资相对于传统模式的两个重要特征是阶段捆绑和私人融资，而这两个特征里，私人融资是实现阶段捆绑的前提。一般的理解就是私人部门前期投入自有资金或外部融资资金，而在运营阶段才能通过项目收益、政府支付等逐渐回收投资，间接实现了多阶段捆绑效应，使得运营商主动关注当前阶段对后续阶段的外部性影响。下面重点从成本角度分析是否存在激励以及激励路径。

理论上讲，由于税收等因素的影响，PPP私人融资成本会高于公共部门，进一步地，PPP项目融资成本会高于PSC（图3-10），但由于PPP在设计、建设、运营、维护方面的成本削减以及提前进入施工带来的效率节约足以弥补融资成本以及竞标阶段的交易成本。从长期看，PPP融资的内在激励性不是单从某个方面或某一个环节显现，其项目流程和临时性组织的复杂性，造就了PPP区别于传统项目的独特之处在于，必须通过多个环节的综合互补来实现对运营商的激励并促成项目成本节约。采纳PPP进行公共产品和服务采购，除了摆脱财年预算的约束之外，更重要的是政府可以加速基础设施开发而不用负担项目或服务延期带来的成本增加或工程质量下降带来的额外成

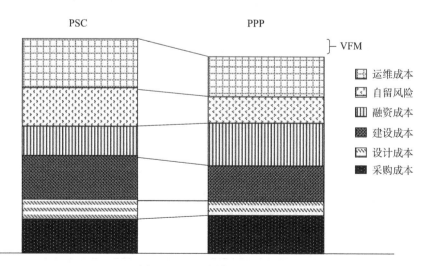

图3-10　VFM评价
来源：根据美国2012年白皮书绘制

本。根据前文1.3.1中的PPP融资的内涵可知，PPP融资在参与主体上强调私人部门的合作，在融资来源上囊括了所有能为项目提供现金流的支付资金，这意味着PPP项目中的政府付费也是PPP融资来源的构成之一。而PPP中的政府付费只是为了弥补运营商投资成本，仅仅保证微利，那意味着如果运营商违约势必会带来经济损失，无法收回前期所有成本，因此，政府适当的但不完全兜底的承诺支付反倒成了一种激励方式。尤其当政府支付带有一定延迟性时，某种程度上能加强对PPP运营商的激励约束作用。

PPP融资对运营商各阶段的激励则是通过对各阶段努力的激励来实现委托-代理管理活动。根据2.2.1和2.2.2对运营商努力的分析，竞标阶段的运营商努力主要体现在提升项目综合设计质量，建设运营阶段运营商的努力主要体现在增加融资带来的资金时间价值，提早进入建设运营期，同时通过成本削减技术的努力降低项目生命周期成本，获得最大化利润。结合图3-11分析，在竞标阶段，政府承诺的项目基本收益会对所有参与竞标的企业产生激励效果，意味着政府承诺收益会激励运营商提高项目综合设计质量，进而增加其竞标阶段的努力水平，增加中标概率。而在建设运营阶段，PPP运营商资金在项目前期进入，政府付费发生在中后期甚至运营阶段，对运营商而言会带来一定的资金时间价值损失效应。因此，为减少资金时间价值损失，运营商一般会将设计和建设阶段同时进行，尽早完成融资并提前开工，尽力避免项目拖延。可见PPP融资机制能对运营商成本削减产生激励作用。综上所述，政府作为发起人主导了PPP模式，通过冲破传统投融资模式桎梏，在自己和运营商中间确立了新的投融资

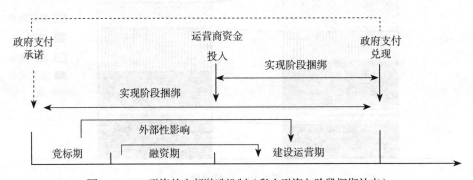

图3-11　PPP融资的内部激励机制（私人融资与阶段捆绑效应）

契约关系。政府通过各种手段促使运营商提升努力水平，抑制择机行为的发生，即运营商出于自利目标而间接损害公众福利的负外部性行为。激励层面，政府通过承诺基本收益等引导私人资本进入，并确立具体参与方式；而在约束层面，政府依据项目绩效进行财政支付，确保运营商能在增加VFM和提升公众福利的前提下获得奖励，以便获得与传统方式下提供公共产品（服务）同等或更高的效用。

## 3.6 本章小结

通过本章研究发现，PPP市场成熟地区和国家在推广PPP融资过程中具有的共同特征是PPP融资受到外部市场的极大影响，市场政策引发的市场动荡或者经济周期引发的市场调整都会造成PPP融资的起伏以及PPP项目签约和落地的情况，也会对项目运营绩效造成直接后果，通过上述对实践活动的分析，外部市场环境对PPP融资的影响会通过项目的微观内部机制传递到项目的各个阶段，传递给运营商一定的市场信号则会对其努力水平带来一定的影响；从项目内部来看，PPP融资本身也具有一定的激励传导机制，结合本章3.1～3.4的相关研究，可以建立如图3-12的PPP融资激励系统框架。

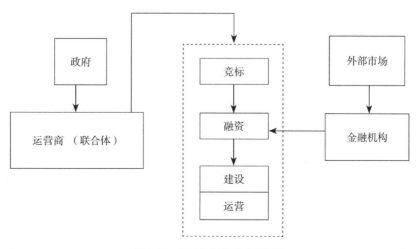

图3-12　PPP融资激励系统框架

在上文论述中，作为PPP先锋者——英国，其发展过程中充分体现出外部市场变化对PPP融资进而对运营商努力和项目收益带来的潜在影响。正因为项目内部管理机制的差异，才使得加拿大能够超越英国模式，在竞标阶段项目设计质量的提升方面，政府给予了技术支持并提出相关规范，而在PPP融资中引入养老基金等专业金融机构的做法进一步提升了项目运营商的优势和激励强度。得益于上述英国、加拿大的优良示范效应，美国基础设施领域近年来也开始转变对私人资本的态度，大力出台政府信贷支持，建立政府信贷承诺、信用支持的法令和推广计划。通过政府牵头，培育和筛选优质私人企业参与基础设施项目。以此达到提升私人运营商积极性和努力水平，进而加快基础设施建设的目的。此外，各国在项目微观层面的股权管理方面建立了严格的管理制度和操作流程，保障外部提供融资的主体对PPP产生正向激励作用，避免外部融资者的短期逐利性动机在寻求股权溢价的过程中扰动运营商努力，保证项目生命周期内的稳定和持续发展。

国有企业因占据资金成本优势，因此丧失了项目成本削减技术的研发动力，可以短期通过建设环节直接获利并尽早退出，丧失PPP融资对运营商努力的引导性，而项目后期的成本管理绩效与政府支付并未挂钩，则导致PPP融资对运营商努力的激励作用进一步衰减。我国PPP模式的发展处在与国情契合摸索的过程中，因受宏观经济周期变化和国家政策调整的影响，PPP融资的阶段性变化呈现出了与经济周期、政策变化趋同的特点。我国PPP融资还承担了社会管理功能和政府公共治理转型的重任，因此进一步加剧了我国PPP融资对宏观环境变化的敏感度。而这种敏感度势必会对项目运营和运营商的努力水平造成未知的影响。其次，我国PPP融资发展存在着东部、中西部和北部的较大差异，项目较多的区域主要集中在东部沿海城市和社会资本较为发达的地区，再次印证了外部市场环境对PPP融资的影响至为关键，而资金主导为国有资金，导致PPP融资对运营商努力的牵制、引导性作用较弱。PPP项目合同类型总体上较为单一，和国外DBFO（M）不同，我国普遍以BOT为主。从部门分布看，我国PPP项目行业集中度高，以市政、交通、水务等硬基础设施为主，文化、教育和医疗较少。可见对运营商的激励力度不足以支撑运营商进入更多的公益性较强的行业部门，且引发了运营商只注重建设阶段的短期利润、过早进行股权转让退出项目的行为。此外，因政治地位优势和资金优势等原因，国有企业在投资者中占据绝对地位，民营企业占比约三分之一，外资企业则占比更少，并未实现真正的PPP。

目前我国国内PPP模式的发展较为集中和垄断，国内PPP市场的发展存在路径依赖，PPP联合体构成较为单一，政府与社会资本合作处于非对称不平等地位，官方PPP项目库建立较晚且与国外其他机构或组织（如世界银行、亚洲发展银行、亚洲基础设施投资银行、全球基础设施中心）建立的数据库存在着统计口径不统一的情况，又因目前国内大多数PPP入库项目仍处于前期论证或融资、建设阶段，很多合同内容涉及商业机密尚未公开，对本书利用大批量成熟数据进行研究带来较大困难。

由于公共部门出于经济发展动机过多强调PPP融资的宏观功能，忽略了其本身特性和发展规律。因此，下文将根据本章提出的PPP融资激励系统框架进行深入分析，构建PPP项目内、外部主要要素之间的激励模型，推导出激励路径，为研究外部环境影响PPP融资、PPP融资如何对运营商努力产生激励提供依据，也为后续的实证研究奠定基础。

# 4 基于阶段捆绑的运营商努力的激励模型构建

通过上文PPP融资对运营商努力的激励系统分析，PPP项目中的私营部门本质上不会主动做出公众福利目标下的社会理性选择，即不会为社会福利投入相应的努力，加之PPP项目存在多层次多主体间复杂的委托-代理关系，导致运营商各个阶段的努力即便能够观测，也无法被证实符合预期。因此，下文将重点分析在上述基本情境下，当运营商以利润最大化作为目标函数时，公共部门如何对运营商努力进行较高水平的激励，以使其能够在追逐利润最大化的同时，达到最优的努力水平，保障项目顺利实施。

由于PPP项目的复杂性，项目中存在着多层次多主体间的委托-代理关系，而运营商是PPP项目利益相关者中的关键代理人。通过上文研究，基于运营商立场，其在竞标、建设运营阶段的努力目标分别为项目综合设计质量、融资带来的时间价值效应和成本削减，因此运营商各个阶段的努力目标也就是下文建模时需要考虑的重要激励内容。尤其当多阶段捆绑后，融资环节的金融机构参与会引入外部市场的不确定因素，通过融资价格和融资数量对PPP融资、项目后续环节及运营商主体产生连续影响。下文依据Holmstrom & Milgrom，David Martimort& Jerome Pouyet的多项任务委托-代理模型及对努力水平的基本假设，按照项目生命周期中运营商自益性努力范畴下划分出的具体阶段性努力，构建PPP融资对运营商各阶段努力的激励模型。

## 4.1 模型框架构建

根据前文分析，当前项目融资中区分PPP模式与传统模式的关键标准在于是否进行了阶段捆绑，主要指建设阶段与运营阶段的捆绑实施。当企业联合体中的建筑企业成为项目股东时，其对施工利润的关注程度远超运营阶段，短视行为可能驱使其将各种费用计入资本成本，然后缩短项目参与时间，尽快在二级市场将所持有的股权转让给第三方。这种单阶段操作模式交易成本巨大，会对下一阶段运营造成负外部性。因此，也是理论上提出PPP模式重在阶段捆绑的原因所在。此外，正是实践中公共部门对此情况的认同与重视，我国于2017年底颁布被称为"业界最严"的92号文件，将政府支付与运营商绩效挂钩，要求至少关联30%。基于上述事实，本书研究假定项目基于多阶段（任务）捆绑，即项目公司中的运营商会从竞标、建设、运营等环节一直参与项目,并发挥主要实施作用。

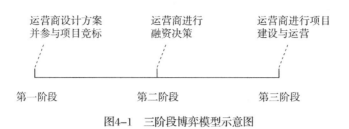

图4-1 三阶段博弈模型示意图

如图4-1所示,本书博弈模型框架为三阶段博弈,其中第一阶段是潜在运营商的竞标竞争阶段,该阶段潜在运营商通过对PPP项目的前期计划和设计争取获得项目经营权(或参与组建SPV的权利)。该阶段结束后,获胜运营商将作为项目实际运营商实施项目此后阶段的相关活动。第二阶段中,为确保项目建设运营的顺利进行,项目需进行融资,具有意愿的金融机构可参与债权融资和股权融资服务,两种融资服务具有一定结构关系。在该阶段,金融机构融资规模、收益将受到整体融资市场竞争程度的影响,同时也受到金融机构所提供金融服务差异化程度的影响。第三阶段,运营商在项目建设运营过程中根据项目融资决策对项目收益的实质影响,将努力成本和努力效用纳入模型,通过选择最优努力水平推动利润最大化目标的实现。

## 4.2 假设与模型构建

### 4.2.1 竞标阶段模型假设与构建

PPP项目通过公开招标可以最大程度实现公共产品建设运营的透明度,降低项目全生命周期的成本,并减少融资活动中可能的道德风险等问题。公开招标已逐渐成为公共产品产业化的重要工具和PPP项目确定运营商的主要方式。本书理论模型第一阶段正是潜在运营商的竞标博弈。

假设1:PPP项目因投资规模巨大、经营时期漫长、社会影响广泛,其对运营商资质和实力具有较高要求，故参与竞标的运营商数量较为有限，且具有相似规模和实力。不失一般性，假设两家同质（Homogeneous）运营商$i$和$j$同时参与项目竞标。

假设2：参与竞标的企业可被视为潜在运营商，其通过对项目整体规划所进行的前期综合设计质量，争取在竞标阶段获胜（中标），并因此取得项目建设经营权。参与竞标的企业其在该阶段的努力将直接影响获胜概率，即：

$$D_i = e_i^0 + \eta_i \qquad (4-1)$$

$$D_j = e_j^0 + \eta_j \qquad (4-2)$$

式（4-1）和式（4-2）遵循Lazear and Rosen（1981）在竞赛理论中提到的基础模型，将竞标结果视为其自身努力与外部随机影响因素的叠加效果。其中，$D_i$、$D_j$分别代表参与竞标的潜在运营商$i$和$j$的综合设计质量，$e_i^0$、$e_j^0$分别代表$i$和$j$在本阶段的努力，$\eta_i$、$\eta_j$分别代表$i$和$j$的综合设计质量随机项，即随机扰动，一般包含运营商运气、环境噪声（Noise）等，其符合独立同分布特性并满足以下统计学基本特征：

$$E(\eta_i) = 0, \quad Var(\eta_i) = \sigma_i^2 \qquad (4-3)$$

$$E(\eta_j) = 0, \quad Var(\eta_j) = \sigma_j^2 \qquad (4-4)$$

假设3：竞标阶段获胜的企业将成为项目整个过程的运营商，项目竞标收益为$R^0$，且政府对项目运营阶段向运营商提供基本收益$b_0$的保证（Grant）。

根据竞赛理论可知，促使企业展开竞争的根本原因是获胜者可以获得奖励。在竞标阶段因综合设计质量最高而获胜的企业，将获得项目全程的建设经营权。这种建设经营权与运营商在建设运营阶段的实际努力有关，但同时应获得政府所承诺的基本收益，这种收益本身可被视为竞标阶段的直接奖励。一般而言，为确保企业积极参与竞标，还应为失败方设定保留收益（Reserved Benefit）$\overline{R}$，这是参与竞标企业可获得的最小预期收益。根据目前项目实践中的通常做法，为简化研究过程，假设竞标失败不会获得任何补偿，即$\overline{R} = 0$。

值得注意的是，PPP项目的基本收益$b_0$一般与政府的前期承诺有关，这表明政府在对待PPP项目时，将更多着眼于全局和长期利益，关注于项目各阶段之间的正外部性影响。一般而言，政府承诺的项目基本收益一经宣布，则在整个项目的全生命周期过程中保持不变，即$b_0$为外生常量参数。

假设4：竞标企业收益函数符合冯诺依曼-摩根斯坦（Von Neumann-Morgenstern

形式，与Fehr and Schimidt（2000）及Fehr等（2002）的研究类似，可将参与竞标的潜在运营商$i$和$j$在该阶段的目标函数写为：

$$\max_{e_i^0} EB_i^0 = \max_{e_i^0}[\rho_i b_0 + (1-\rho_i)R^0 - C_i^0(e_i^0)] = \max_{e_i^0}[\rho_i b_0 - C_i^0(e_i^0)] \quad (4-5)$$

$$\max_{e_j^0} EB_j^0 = \max_{e_j^0}[\rho_j b_0 + (1-\rho_j)R^0 - C_j^0(e_j^0)] = \max_{e_j^0}[\rho_j b_0 - C_j^0(e_j^0)] \quad (4-6)$$

式（4-5）和式（4-6）标明竞标阶段潜在运营商的收益并非预先确定数值，而是符合某种概率分布的期望值，而且这种概率分布与竞争对手的表现有关。式中$\rho_i$和$\rho_j$分别为运营商$i$和$j$在竞标阶段获胜的概率，$C_i^0(e_i^0)$和$C_j^0(e_j^0)$分别为运营商$i$和$j$在竞标阶段付出努力所导致的负效用（成本）。

假设5：若运营商$i$在竞标过程中获得胜利，则有：

$$\rho_i = \rho_i(D_i > D_j) = \rho_i[(e_i^0 + \eta_i) > (e_j^0 + \eta_j)] = \rho_i[(e_i^0 - e_j^0) > (\eta_j - \eta_i)]$$
$$= \rho_i[(e_i^0 - e_j^0) > \xi] = G(\xi) \quad (4-7)$$

其中$G(\xi)$是关于$\xi$的累积密度函数且$\xi: g(\xi)$，同时有：

$$\xi = \eta_j - \eta_i, \quad E(\xi) = 0 \quad (4-8)$$

$$Var(\xi) = 2\sigma^2 \quad (4-9)$$

假设6：与一般研究基本假设相同，本书亦假设潜在运营商$i$和$j$的竞标努力成本采用二次型（Quadratic），这意味着运营商努力行为的增加将令其总体投入提升，进而造成运营商的成本增加，且两者间呈现凸向关系（Convexity），即：

$$C_i^0 = \omega_i (e_i^0)^2 / 2 \quad (4-10)$$

$$C_j^0 = \omega_j (e_j^0)^2 / 2 \quad (4-11)$$

式（4-10）、式（4-11）中的$\omega_i$和$\omega_j$分别表示运营商$i$和$j$的竞标努力成本的曲率，该系数越大，意味着运营商提升相同努力水平将面临更大的负效用（成本）上升。

### 4.2.2　融资阶段模型假设与构建

经过第一阶段的竞标竞赛环节，胜出企业$k$作为运营商与政府相关部门成立SPV，承担PPP项目建设运营并因此获得相应收益。依据现实中的多数情况，政府不直接参与SPV的具体运营细节，但其将从社会福利角度出发，通过监管机制影响运营商目标函数。

就我国现有PPP项目的实际情况而言,其重要特征是大额投资需求和较长回收期。一般而言,若运营商所需资金缺口较小,可通过内部融资形式予以解决。若资金缺口较大,则面临向外部金融市场融资的需求,而融资结构和条件将涉及债权和股权等方面。金融机构面对项目较大的资金缺口,可提供差异化的融资服务并展开古诺竞争(Cournot Competition),最终实现融资的价格均衡和数量均衡,完成项目融资阶段的主要工作。

假设7:假设PPP项目的潜在融资需求总额为$M^d$,运营商和金融机构根据金融市场行情最终共同决策选择融资金额$M^r$,因此$M^d$数额应足够大,满足$M^d \geqslant M^r$,可以吸引众多的外部金融机构参与融资竞争。

假设8:假设外部金融市场存在$N$个有意愿参与项目融资竞争的金融机构,其中$N \geqslant 2$,以确保外部金融市场并非被某金融机构垄断。不失一般性,假设各企业同质,但其所提供融资服务存在一定的差异化。

假设9:依据产业组织理论的基本设定,融资服务价格(利率)由外部有意愿进行融资的金融机构和运营商的供需关系共同决定,其形成机制符合市场规律,即:

$$p = F - v(m_n + \delta M_{-n}) \tag{4-12}$$

式(4-12)采用需求的价格函数的标准模型,其中$p$是债权融资服务价格,$m_n$是第$n$家金融机构的债权融资量,$M_{-n}$是其他金融机构的债权融资总量,$v$是融资价格函数中价量关系调节系数,由市场供需决定,在本研究中属于外生变量。

$F$是最高的债权融资服务市场价格。出于对利润的基本要求,若单位可变成本超过市场最高价格后,理性人假设下的金融机构会选择停业(Shut-down),所以其存在最小值约束$F^{\min}$,即:

$$F \geqslant F^{\min} \tag{4-13}$$

$\delta$代表债权融资服务的差异化程度,同时也是不同金融机构所提供债权融资服务可替代程度的具体体现,其取值范围是[0,1],融资服务差异化程度较低时$\delta$取值较大,融资服务差异化程度较高时,则$\delta$较小。在极限情况下,当$\delta = 0$时,意味着第$n$家金融机构所提供的债权融资服务产品与其他金融机构提供的同类服务在需求上完全相互独立,当$\delta = 1$时,意味着第$n$家金融机构所提供的债权融资服务产品与其他金融机构提供的同类服务完全同质。

假设10：假设为项目提供融资服务的金融机构$n$的利润来自融资价格和融资成本间差额，即：

$$\pi_n^{fb} = R_n^{fb} - C_n^{fb} = m_n p - m_n c_n^f \quad (4-14)$$

金融机构针对项目进行债权融资的本质在于为运营商提供基于一定融资金额的服务，并获得所带来的利润，即：

式（4-14）可被视为金融机构的目标函数。其中，$R_n^{fb}$代表金融机构债权融资收益，$C_n^{fb}$代表金融机构债权融资成本，$\pi_n^{fb}$代表金融机构债券融资利润，$c_n^f$是金融机构$n$对项目进行债权融资时所产生的单位可变成本。

假设11：除债权融资之外，金融机构$n$还可为项目提供股权融资服务，按照每股约定价购入股份若干，持股比例为$\tau_n$，且由下式定义：

$$\tau_n = \varphi m_n / M^d \quad (4-15)$$

式（4-15）中体现的股权比例设置是项目持续经营期内的真实股权，我国PPP项目操作中用带有一定期限的债权资金充当股权资金的"假股权"不在此定义范畴之内。为体现股权、债权资金与出资主体之间的关系，本研究假设金融机构在提供债权融资的同时，也可提供股权融资服务，且持股比例与债权融资额度间需设置线性绑定。

$\varphi$可用于表征债权融资与股权融资的关系强度，换而言之，其可作为PPP项目的融资结构系数。$\varphi$越大意味着项目融资中债权与股权具有更为密切的关联，反之则意味着项目融资中债权与股权仅处于松散的绑定状态。一般而言$0 < \varphi \leq 1$。若$\varphi = 0$，则意味着项目融资过程中金融机构$n$只提供了债权资金，未投入任何股权资金。

假设12：因项目股份一般不参与公开市场发售，故假设金融机构$n$股权收益来自对运营商在项目建设运营期的直接收益分红，而非其他资产性收益，即：

$$\pi_n^{fs} = R_n^{fs} - C_n^{fs} = \tau_n R - \tau_n S = \varphi m_n (R - S) / M^d \quad (4-16)$$

式（4-16）中$R_n^{fs}$代表金融机构$n$的股权融资收益，$C_n^{fs}$代表金融机构$n$的股权融资成本，$\pi_n^{fs}$代表金融机构$n$的股权融资利润，$S$是运营商在PPP项目中进行融资时设置的总股本市值，$R$是运营商在建设运营阶段的项目直接收益。

假设13：金融机构$n$在参与融资时将同时考虑债券和股权所带来的收益，换而言之，金融机构的利润目标函数应包括上述两部分，即：

$$\prod_n^f = \pi_n^{fb} + \pi_n^{fs} = m_n(p - c_n^f) + \varphi m_n(R - S)/M^d \quad (4-17)$$

## 4.2.3 建设运营阶段模型假设与构建

假设14：假设运营商$k$通过自身努力可削减项目建设运营阶段的成本，且第一阶段的努力水平也会对本阶段的运营成本削减产生一定影响，此时项目运营成本为：

$$L_k^1 = l_0 - \lambda_0 e_k^0 - \lambda_1 e_k^1 + \varepsilon \qquad (4-18)$$

式（4-18）中$l_0$为项目固定成本，$\lambda_0$和$\lambda_1$为运营商两阶段努力水平的边际运营成本削减，$\varepsilon$是运营成本的随机扰动项，假设其符合独立同分布特性，并满足：

$$E_\varepsilon = 0; \quad Var_\varepsilon = \sigma_\varepsilon^2 \qquad (4-19)$$

式（4-18）中对于运营管理的成本削减功能与此前诸多同类研究保持一致，如Salop（1979）提到了经理人才能对单位成本的削减作用，Boone（2000）认为企业在利润水平上的差异，主要是由于产品面临不同竞争强度时有着不同的边际成本，尤其竞争较为激烈时，利润对成本的变化更加敏感，削减成本就成了企业在竞争中获胜的必须方式，而企业也非常愿意为此对高管付出更优厚的酬劳，以便促进他们作为代理人能够关注企业的成本削减状况，提升管理技能。在PPP项目中，实际上对运营商也有这样的要求，通过对项目进行PPP与PSC的比较，获得项目VFM值，如果运营商在项目实施过程没有实现VFM，作为代理人可能会被淘汰掉或者因此不能获得足额付费。因此，PPP项目中的运营商承担着项目管理主要责任，其对于项目投入的努力同样可起到成本削减效果。

假设15：假设运营商$k$的根本目标在于实现项目利润化，而项目利润决定于项目运营收益与运营成本之间的差距，即：

$$\pi_k^1 = b_0 - L_k^1 = b_0 - (l_0 - \lambda_0 e_k^0 - \lambda_1 e_k^1 + \varepsilon) = b_0 - l_0 + \lambda_0 e_k^0 + \lambda_1 e_k^1 - \varepsilon \qquad (4-20)$$

假设16：假设政府将根据运营商利润水平进行转移支付，但同时将限定补偿上限，无法保证向运营商提供全部差额保障，即：

$$T = \alpha - (1-\beta)\pi_k^1 \qquad (4-21)$$

式（4-21）中$\alpha$为转移支付补偿上限，$\beta$为转移支付补偿比例，意味着PPP项目较强的社会公益属性将存在明显的正外部性，政府一般会考虑通过财政补贴等转移支付方式对运营商给予一定补偿或奖励，但同时必须符合相关法律法规对政府向运营商提供担保能力的范围要求。

## 4 基于阶段捆绑的运营商努力的激励模型构建

**假设17**：PPP项目中运营商的实际收益应包括项目运营利润和转移支付补偿；同时假设运营商因融资规模扩大而提早完成项目建设并投入运营时，可产生利润净现值（Net Present Value，NPV）的倍增效应，即：

$$\begin{aligned} R &= (1+\theta\sum\nolimits_1^N \varphi m_n/M^{\mathrm{d}})(\pi_k^1+T) = (1+\theta\sum\nolimits_1^N \varphi m_n/M^{\mathrm{d}})(\alpha+\beta\pi_k^1) \\ &= (1+\theta\sum\nolimits_1^N \varphi m_n/M^{\mathrm{d}})[\alpha+\beta(b_0-l_0+\lambda_0 e_k^0+\lambda_1 e_k^1-\varepsilon)] \\ &= (1+\theta\sum\nolimits_1^N \tau_n)[\alpha+\beta(b_0-l_0+\lambda_0 e_k^0+\lambda_1 e_k^1-\varepsilon)] \\ &= (1+\theta\Gamma)[\alpha+\beta(b_0-l_0+\lambda_0 e_k^0+\lambda_1 e_k^1-\varepsilon)] \end{aligned} \quad (4\text{-}22)$$

式（4-22）体现出运营商进行项目外部融资的重要动机正在于时间成本的节省。不失一般性，本研究假设投资规模相对比例与利润净现值存在线性关系。其中$\theta$代表运营商融资规模对于项目总体净现值的倍增程度，且$\theta>0$；$\Gamma$是运营商外部引入的总股份，也代表参与融资的所有金融机构的持股总比例。

**假设18**：假设运营商最终利润应是其实际收益减去运营努力后的部分，即：

$$C_k^1 = \gamma_k (e_k^1)^2 / 2 \quad (4\text{-}23)$$

$$\begin{aligned} \Pi &= R - C_k^1 = (1+\theta\Gamma)(\alpha+\beta\pi_k^1) - \gamma_k(e_k^1)^2/2 \\ &= (1+\theta\Gamma)[\alpha+\beta(b_0-l_0+\lambda_0 e_k^0+\lambda_1 e_k^1-\varepsilon)] - \gamma_k(e_k^1)^2/2 \end{aligned} \quad (4\text{-}24)$$

式（4-24）表明为提高运营收益和降低运营成本所付出的努力，对运营商而言被视为一种成本。$\gamma_k$表示运营商$k$的运营努力成本的曲率，该系数越大，意味着运营商提升同等努力水平将面临更大的成本上升。

**假设19**：假设当PPP项目运营商需通过外部融资等方式来获得资金支持时，其利润将进一步被稀释，运营商最终利润$H$是其最终利润减去各金融机构所得收益$R^{\mathrm{f}}$之和后的部分，即：

$$H = \Pi - R^{\mathrm{f}} = \Pi - \sum\nolimits_1^N (R_n^{\mathrm{fb}} + R_n^{\mathrm{fs}}) \quad (4\text{-}25)$$

综上，本文研究假设中设置的主要变量见表4-1。

模型主要变（参）量表　　　　　　表4-1

| 变（参）量符号 | 变（参）量名称 | 变（参）量符号 | 变（参）量名称 |
| --- | --- | --- | --- |
| $B_k^0$ | 运营商$k$竞标阶段收益 | $b_0$ | 运营阶段取得的基本收益 |
| $D_k$ | 运营商$k$竞标阶段的综合设计质量 | $l_0$ | 项目固定成本 |

续表

| 变(参)量符号 | 变(参)量名称 | 变(参)量符号 | 变(参)量名称 |
| --- | --- | --- | --- |
| $\rho_k$ | 运营商$k$竞标获胜的概率 | $\theta$ | 运营商$k$融资规模对于其项目总体净现值的倍增程度 |
| $C_k^0$ | 运营商$k$竞标阶段的努力成本 | $\lambda_0$ | 运营商$k$竞标阶段努力水平的边际运营成本削减 |
| $C_k^1$ | 运营商$k$运营阶段的努力成本 | $\lambda_1$ | 运营商$k$建设运营阶段努力水平的边际运营成本削减 |
| $L_k^1$ | 项目运营阶段的总成本 | $\omega_k$ | 运营商$k$竞标努力成本曲率 |
| $c_n^t$ | 金融机构$n$的债权融资单位可变成本 | $\gamma_k$ | 运营商$k$运营努力成本曲率 |
| $e_k^0$ | 运营商$k$在竞标阶段的努力 | $\alpha$ | 政府转移支付补偿上限 |
| $e_k^1$ | 运营商$k$在运营阶段的努力 | $\beta$ | 政府转移支付补偿比例 |
| $m_n$ | 金融机构$n$的债权融资量 | $\tau_n$ | 金融机构$n$的项目持股比例 |
| $T$ | 政府转移支付补偿总额 | $\delta$ | 金融机构$n$的债权融资服务差异化程度 |
| $M_{-n}$ | 除$n$外的其他金融机构债权融资总量 | $P$ | 债权融资服务价格(利率) |
| $M^f$ | PPP项目最终决策融资金额 | $C_n^{fb}$ | 金融机构$n$的债权融资成本 |
| $M^d$ | PPP项目潜在融资需求总额 | $C_n^{fs}$ | 金融机构$n$的股权融资成本 |
| $\pi_n^{fb}$ | 金融机构$n$的债券融资利润 | $\Gamma$ | 运营商$k$外部融资的总股份 |
| $\pi_n^{fs}$ | 金融机构$n$的股权融资利润 | $S$ | 运营商$k$外部融资的总股本市值 |
| $\pi_k^1$ | 运营商$k$运营阶段项目直接利润 | $R$ | 运营商建设运营阶段直接收益 |
| $\Pi_n^f$ | 金融机构$n$的利润目标函数 | $R_n^{fb}$ | 金融机构$n$的债权融资收益 |
| $\Pi^f$ | 金融机构在项目融资中的利润总额 | $R_n^{fs}$ | 金融机构$n$的股权融资收益 |
| $\Pi$ | 运营商外部融资后的最终利润函数 | $\varepsilon$ | 运营商运营成本的随机扰动项 |
| $F$ | 最高债权融资市场价格 | $\eta_i$ | 运营商$k$竞标阶段的综合设计质量随机扰动 |
| $H$ | 运营商$k$最终利润函数 | $\xi$ | 运营商竞标阶段的综合设计质量随机扰动差值变量 |
| $\varphi$ | 融资结构系数 | $N$ | 参与融资的金融机构家数 |

## 4.3 模型求解

本书理论模型研究主体是运营商和金融机构,模型建立过程已体现出两者间博弈关系。依据相关研究的通用方法,模型推导过程采用后向归纳分析(Backward Induction Analysis)。因此,本书将首先分析运营商在建设运营阶段的最优努力水平选择;此后探讨金融机构为项目提供融资服务过程中的古诺竞争,并确定其最佳融资规模和融资价格;之后将最终确定运营商在竞标阶段的最优努力水平选择。通过后向归纳分析推导,本书将得到三阶段均处于均衡状态时的运营商努力和金融机构融资模式间的内在关联。

(1)第三阶段

该阶段运营商$k$已经历过竞标和融资阶段,其最终收益主要取决于自身在项目建设运营过程中的努力水平,而其此时的目标函数,则是自身最终利润减去金融机构所得收益后的剩余部分$H$。假设运营商$k$的风险偏好符合常数绝对风险厌恶型(Constant Absolute Risk Aversion,CARA),且风险规避系数为$r$,则其目标函数为:

$$\begin{aligned}\max_{e_k^1} H &= \prod - R^f \\ &= (1+\theta\Gamma)[\alpha + \beta(b_0 - l_0 + \lambda_0 e_k^0 + \lambda_1 e_k^1 - \varepsilon)] - \gamma_k (e_k^1)^2/2 - \sum\nolimits_1^N (m_n p + \tau_n R) \\ &= -\sum\nolimits_1^N m_n p - \gamma_k (e_k^1)^2/2 - r(1+\theta\Gamma - \Gamma - \theta\Gamma^2)^2 \beta^2 \lambda_1^2 \sigma_\varepsilon^2/2 \\ &\quad + (1+\theta\Gamma - \Gamma - \theta\Gamma^2)[\alpha + \beta(b_0 - l_0 + \lambda_0 e_k^0 + \lambda_1 e_k^1 - \varepsilon)]\end{aligned} \quad (4-26)$$

当运营商$k$最终实现利润最大值化时,其建设运营努力亦达到最优水平,此时应满足一阶条件:

$$\text{F.O.C.}: \partial H / \partial e_k^1 = 0 \quad (4-27)$$

因此,可得到运营商$k$在建设运营阶段的最优努力水平$e_k^{1*}$为:

$$e_k^{1*} = (1+\theta\Gamma - \Gamma - \theta\Gamma^2)\beta\lambda_1 / \gamma_k \quad (4-28)$$

式(4-28)表明运营商$k$在建设运营阶段的最优努力水平与其在该阶段努力所引致的项目成本下降边际效果有关,同时与其付出该努力的边际成本有关,还与转移支付补偿比例有关。值得注意的是,该阶段最优努力水平与融资阶段的融资相对规模(比例)息息相关。换而言之,运营商$k$在建设运营阶段的最优努力水平还将受到第二阶段最优融资相对规模(比例)的影响。

(2)第二阶段

在第二阶段,金融机构通过为PPP项目提供融资服务,以实现其利润最大化的既定目标。鉴于外部金融市场存在多家同质金融机构展开以融资额度为核心的融资服务竞争,故金融机构$n$的目标函数可写为:

$$\max_{m_n} \prod_n^f = \pi_n^{fb} + \pi_n^{fs} = m_n(p - c_n^f) + \tau_n(1+\theta T)(\alpha + \beta\pi_k^1) - \tau_n S \quad (4-29)$$

将式(4-12)所表示的价格函数代入式(4-29)后,可得:

$$\max_{m_n} \prod_n^f = m_n(F - vm_n - v\delta M_{-n} - c_n^f) + \tau_n(1+\theta T)(\alpha + \beta\pi_k^1) - \tau_n S \quad (4-30)$$

当金融机构实现期望利润最大化时,应满足一阶条件,即:

$$\text{F.O.C.}: \partial E \prod_n^f / \partial m_n = 0 \quad (4-31)$$

即:

$$F - 2vm_n - v\delta M_{-n} - c_n^f + \tau_n'(1+\theta T)(\alpha + \beta\pi_k^1) + \tau_n\theta T'(\alpha + \beta\pi_k^1) - \tau_n'S = 0 \quad (4-32)$$

因式(4-15)代入式(4-32)后经过整理,可得金融机构$n$的最优反应方程为:

$$m_n = \frac{F - c_n^f - v\delta M_{-n} + (M^d + \varphi\theta M_{-n})(\alpha + \beta\pi_k^1)/M^{d2} - \varphi S/M^d}{2v - 2\theta(\alpha + \beta\pi_k^1)/M^{d2}} \quad (4-33)$$

因各金融机构同质,其为PPP项目提供融资服务的单位成本同为$c^f$,此时各家金融机构的最优反应方程式具有对称性,这意味着各家金融机构将具有相同的Cournot-Nash均衡解。此时,通过加总各金融机构的最优反应方程式,可最终得到项目债权融资总规模$M^{f*}$以及各金融机构均衡融资额$m_n^*$和均衡融资价格$p^*$分别为:

$$M^{f*} = \frac{N[(F-c^f)M^d + \varphi(\alpha + \beta\pi_k^1) - S\varphi]}{[2+(N-1)\delta]vM^d - (N-3)\theta\varphi^2(\alpha + \beta\pi_k^1)/M^d} \quad (4-34)$$

$$m_n^* = \frac{(F-c^f)M^d + \varphi(\alpha + \beta\pi_k^1) - S\varphi}{[2+(N-1)\delta]vM^d - (N-3)\theta\varphi^2(\alpha + \beta\pi_k^1)/M^d} \quad (4-35)$$

$$p^* = F - v[1+(N-1)\delta]m_n^* \quad (4-36)$$

由式(4-34)~式(4-36)可以看出,PPP项目的最优融资额与金融机构自身的融资成本和融资服务差异化程度相关,同时与项目潜在的融资需求总额和参与竞争的金融机构数量有关。值得注意的是,最优融资总额还受到运营商建设运营阶段的利润水平影响,而该利润水平的主要影响因素是运营商努力水平。鉴于第三阶段已明确运营商建设运营阶段的最优努力水平，故仍需确定运营商竞标阶段的最优努力水平，方可最终明确最优项目融资总额。

（3）第一阶段

在运营商$i$和$j$通过综合设计质量进行竞赛博弈的过程中，其最优努力行为选择由其目标函数确定，即：

$$\max_{e_i^0} EB_i^0 = \max_{e_i^0}[\rho_i b_0 + (1-\rho_i)\bar{R} - C_i^0(e_i^0)] = \max_{e_i^0}[\rho_i b - C_i^0(e_i^0)]$$

$$\max_{e_j^0} EB_j^0 = \max_{e_j^0}[\rho_j b_0 + (1-\rho_j)\bar{R} - C_j^0(e_j^0)] = \max_{e_j^0}[\rho_j b_0 - C_j^0(e_j^0)]$$

F.O.C.：

$$\partial EB_i^0 / \partial e_i^0 = \partial \rho_i / \partial e_i^0 \cdot b_0 - \partial C_i^0 / \partial e_i^0 = b_0 \cdot g(e_i^0 - e_j^0) - \omega_i e_i^0 = 0 \quad （4-37）$$

$$\partial EB_j^0 / \partial e_j^0 = \partial \rho_j / \partial e_j^0 \cdot b_0 - \partial C_j^0 / \partial e_j^0 = b_0 \cdot g(e_j^0 - e_i^0) - \omega_j e_j^0 = 0 \quad （4-38）$$

由于运营商$i$和$j$具有同质属性，故其竞标努力对其自身效用造成的负影响具有相同变化规律，即$\omega_i = \omega_j = \omega$，且其拥有形式对称的最优反应函数，故二者的Nash均衡解相同。此时，由一阶条件可推导得到运营商最优竞标努力水平应满足：

$$e_i^{0*} = e_j^{0*} = b_0 \cdot g(0) / \omega \quad （4-39）$$

由此可知，运营商在竞标阶段的最优努力水平除与自身特点相关外，还受到项目基础收益和竞标环节外部因素对竞标结果的扰动影响。

## 4.4 模型解析

本书通过构建涵盖运营商竞标、融资和建设运营等环节的三阶段博弈模型，展现出PPP项目在其全生命周期中的主要发展过程，勾勒出运营商自身努力与融资决策间的基本内在关联。根据模型推导结果可知，当三阶段中运营商的努力水平达到最优，且金融机构的融资规模达到最优时，项目整体方可达到一般均衡，而这也是项目得以成功设计落地、实施运营的决定条件。此时运营商最优努力水平及金融机构最优融资规模应同时满足式（4-39）、式（4-28）、式（4-35）、式（4-34），即：

$$e_i^{0*} = e_j^{0*} = b_0 \cdot g(0) / \omega$$

$$e_k^{1*} = (1+\theta\Gamma-\Gamma-\theta\Gamma^2)\beta\lambda_1/\gamma_k$$

$$m_n^* = \frac{(F-c^f)M^d + \varphi(\alpha+\beta\pi_k^1) - S\varphi}{[2+(N-1)\delta]vM^d - (N-3)\theta\varphi^2(\alpha+\beta\pi_k^1)/M^d}$$

$$M^{f*} = \frac{N[(F-c^f)M^d + \varphi(\alpha+\beta\pi_k^1) - S\varphi]}{[2+(N-1)\delta]vM^d - (N-3)\theta\varphi^2(\alpha+\beta\pi_k^1)/M^d}$$

较之运营商建设运营最优努力水平和金融机构最优融资额而言，运营商设计竞标阶段的最优努力水平的变化规律较为简洁，其主要与招标时公开承诺的运营期基础收益及竞标阶段的外部环境杂讯扰动有关。

推论1：当政府提升招标时公开承诺的运营期基础收益时，运营商则会随即提高其设计竞标的最优努力水平；反之，当政府降低招标时公开承诺的运营期基础收益时，运营商设计竞标阶段的最优努力水平将会随即下降。

推论1意味着运营期的基础收益不宜过低，否则将可能造成项目的总体设计质量下降，并对后期的建设运营造成负面影响，甚至直接造成项目流标，进而导致项目进度拖延乃至失败。这提示政府应充分认识到PPP项目运营期基础收益在设计竞标阶段的关键作用，应在项目筹备时对其作出较为合理的判断。

推论2：$g(0)$意味着竞标运营商提供的综合设计质量相同时，外部环境对竞标结果造成的影响，若$g(0)$变大则意味着竞标环节不确定性增加，此时运营商将倾向于降低自己的设计竞标最优努力水平，若此时需维持运营商最优努力水平，则必须提高运营期基础收益。反之亦然。

推论2意味着如果PPP项目在竞标过程中受到过多外界的干扰，甚至是发生破坏公平竞争的行为，则将明显增加竞标结果的不确定性，并对运营商的努力行为造成显著负面影响。这提示政府应注重设计竞标阶段的过程公平性（Process Justice），确保竞标结果真正体现运营商的综合素质，否则将对项目造成新的追加成本（$b_0$会增加），并影响项目发展的各环节（$e_k^0$会减小）。

推论3：运营商在设计竞标阶段努力行为对其自身造成的$\omega$，将与其在该阶段的最优努力水平呈负向关系。这一结论意味着如果该阶段的努力行为将对运营商自身带来较大的效用减损，则其会降低努力水平。从某种意义上说，实力不济或资质不足的运营商将面临更多边际效用减损，因此设计竞标阶段将有助于筛选更优质的运营商进入建设运营阶段,这有利于提升后期的运营收益,并降低运营风险。

运营商在建设运营阶段的最优努力水平是运营商项目收益最大化后的结果,而这一结果自身还受到多种因素的影响,这意味着运营商在建设运营阶段最优努力水平的确定,仍有待进一步分析决策。

推论4:运营商建设运营阶段的最优努力水平受到融资相对规模(比例)$\Gamma$的直接影响,并因项目净现值倍增系数$\theta$的不同而呈现不同的影响关系。

若$(1+\theta\Gamma-\Gamma-\theta\Gamma^2)$是$\Gamma$的增函数,则$\Gamma$与$e_k^{1*}$同向变化,即伴随融资比例上升,运营商最优努力水平将进一步提升。反之,若$(1+\theta\Gamma-\Gamma-\theta\Gamma^2)$是$\Gamma$的减函数,此时$\Gamma$与$e_k^{1*}$反向变化,则融资比例的上升将导致运营商最优努力水平的下降。

因$e_k^{1*}=(1+\theta\Gamma-\Gamma-\theta\Gamma^2)\beta\lambda_1/\gamma_k$,运营商建设运营阶段的最优努力水平主要受到融资相对规模(比例)$\Gamma$的直接影响。就$(1+\theta\Gamma-\Gamma-\theta\Gamma^2)$而言,其是$\Gamma$的二次抛物线函数,其存在最大值,且此时$\Gamma$应满足:

$$\partial(1+\theta\Gamma-\Gamma-\theta\Gamma^2)/\partial\Gamma=\theta-1-2\theta\Gamma=0 \qquad (4-40)$$

即:

$$\Gamma^{\max}=(\theta-1)/2\theta \qquad (4-41)$$

当$\theta<1$时,因为$\Gamma\geq0$,上式不可能成立,此时$(1+\theta\Gamma-\Gamma-\theta\Gamma^2)$一定是$\Gamma$的减函数,即金融机构持股增加时,运营商努力将随之降低。特别是当$\theta=0$时,意味着融资并不能带给运营商任何额外的收益,则此时金融机构收益与运营商收益总和不变,两者间存在零和博弈(Zero-sum Game),最优融资相对规模的增加不仅意味着运营商将为此多支付资金使用费用,还意味着更多股权及相关分红转移至金融机构。当金融机构的融资额度较大时,运营商的预期收益存在下降趋势,其付出更多努力的意愿随即下降。这一结果也印证了融资顺位理论(Pecking Order Theory)的基本结论(Myers,1984),即企业项目融资过程中倾向于首先进行内部融资,其次进行债权融资,最后才会进行股权融资。

当$\theta>1$时,运营商建设运营阶段的最优努力水平将随着融资规模的提高而出现先增后减的特点。从激励运营商努力的角度视之,这意味着金融机构持股比例过高将不利于运营商自身努力的发挥。由于$\lim_{\theta}(\theta-1)/2\theta=1/2$,故可推断在本书设定前提假设下,项目融资规模超过50%将一定导致运营商在建设运营阶段的最优努力水平下降。

因为 $\Gamma = N\tau_n = N\varphi m_n / M^d = \varphi M^r / M^d$,故在项目潜在融资总需求固定的情况下,项目外部融资规模与 $\Gamma$ 存在正向关联,这意味着提升项目外部融资规模将令运营商提高其初始最优努力水平,伴随项目外部融资规模的逐步增大,运营商最终将会降低其初始最优努力水平。

同理,在融资规模一定的情况下,项目潜在融资总需求与 $\Gamma$ 存在负向关联,这意味着项目潜在融资总需求增大时,运营商起初将降低其最优水平,此后到达某一阈值后,将伴随项目潜在融资总需求的增大而提升其最优水平。

推论4提示运营商在进行PPP项目融资时,应充分认识外部融资的优势和劣势,做好融资模式的合理选择和融资规模的有效确定。当外部融资对项目的净现值增加没有显著影响时,运营商将倾向于采用内部融资方式;反之,当外部融资对项目的净现值增加具有较强影响时,运营商将倾向于外部融资模式,但随着融资比例的不断升高,运营商的最优努力水平将出现先增后减的变化趋势,这意味着融资比例过高将导致运营商自身建设运营努力的动机减弱。

推论5:若融资相对规模(比例)$\Gamma$ 不变,则项目净现值倍增系数 $\theta$ 与运营商建设运营阶段的最优努力水平呈正向关系,即当项目净现值的倍增效果更好时,运营商的最优努力水平将更高,反之亦然。同时,这种线性关系在 $\Gamma = 50\%$ 时达到最大斜率。

$$因 \partial e_k^{1*} / \partial \theta = (\Gamma - \Gamma^2)\beta\lambda_1 / \gamma_k \quad (4\text{--}42)$$

$$且 \Gamma \in [0,1] \quad (4\text{--}43)$$

$$故 \partial e_k^{1*} / \partial \theta = (\Gamma - \Gamma^2)\beta\lambda_1 / \gamma_k > 0 \quad (4\text{--}44)$$

由式(4-44)可知,其最大极值点将出现在 $\Gamma = 0.5$ 时。此时,运营商建设运营阶段的最优努力水平与项目净现值倍增系数间出现最大比例关系(斜率)为 $\beta\lambda_1 / 4\gamma_k$。

推论6:政府转移支付补偿比例 $\beta$ 及运营商建设运营阶段努力的边际成本削减 $\lambda_1$ 均与运营商建设运营阶段的最优努力水平呈正向关系。运营商建设运营阶段努力所造成其自身的边际效用削减 $\gamma_k$ 则与运营商建设运营阶段的最优努力水平呈反向关系。

其他条件不变的情况下,当政府提高补偿比例 $\beta$ 时,项目运营商会提高其最优建设运营努力水平;反之,当政府降低补偿比例 $\beta$ 时,项目运营商则会降低其最优建设运营努力水平。特别当 $\beta = 0$ 时,运营商最终仅获得收益固定 $\alpha$,则其不具有任何付出运营努力的动机。

其他条件不变的情况下，运营商在建设运营阶段的努力行为，可起到削减项目成本的作用，同时也会导致其自身的效用损失。总体而言，当运营商具有较强实力和较好资质时，其单位努力带来的项目成本削减将更大，而对其效用的减损将更小。

虽然项目融资的需求在于运营商，供给在于金融机构，但其融资规模和规律却不仅单纯受限于运营商或金融机构。总体而言，其融资规模是市场供需双方共同决定的结果，并因此形成融资决策与市场各因素间的内在联系。

推论7：参与项目融资的金融机构最优融资规模$m_n$与金融机构数量$N$之间关系存在不确定性，总体而言，当项目利润水平较高时，金融机构的增多可促进最优融资规模的扩大，否则，当项目利润水平较低时，金融机构的增多将会造成最优融资规模的缩小。与此同时，最优融资规模与金融机构所提供金融服务差异化程度的逆变量$\delta$存在负向关系。

证明：

$$\partial m_n^* / \partial N = -\frac{(F-c^{\mathrm{f}})M^{\mathrm{d}} + \varphi(\alpha+\beta\pi_k^1) - \varphi S}{\{[2+(N-1)\delta]vM^{\mathrm{d}} - (N-3)\theta\varphi^2(\alpha+\beta\pi_k^1)/M^{\mathrm{d}}\}^2}[v\delta M^{\mathrm{d}} - \frac{\theta\varphi^2(\alpha+\beta\pi_k^1)}{M^{\mathrm{d}}}]$$

（4-45）

因此，当$\frac{\theta\varphi^2(\alpha+\beta\pi_k^1)}{M^{\mathrm{d}}} - v\delta M^{\mathrm{d}} > 0$时，即$\pi_k^1 > \frac{v\delta M^{\mathrm{d}2} - \alpha\theta\varphi^2}{\beta\theta\varphi^2}$时，$\partial m_n^* / \partial N > 0$，否则，

当$\frac{\theta\varphi^2(\alpha+\beta\pi_k^1)}{M^{\mathrm{d}}} - v\delta M^{\mathrm{d}} < 0$时，即$\pi_k^1 < \frac{v\delta M^{\mathrm{d}2} - \alpha\theta\varphi^2}{\beta\theta\varphi^2}$时，$\partial m_n^* / \partial N < 0$。

上述分析意味着参与项目融资的金融机构数量增多后，各家金融机构最优融资规模是否增加将直接受到项目利润水平的影响，具有较高利润水平的项目将获得更大融资规模，否则，每家金融机构将缩小其融资规模。从侧面反映出金融机构对市场收益与风险综合权衡后的最终决策。此外，根据传统金融理论，如果金融机构可以提供较高差异化程度的金融服务（$\delta$较小时），则该金融机构仍具备提供更高融资规模的能力，即差异化程度有利于融资规模的提升。加之本书模型假设外部融资市场的均衡数量存在$M^{\mathrm{f}}=m_n \times N$关系，则当$N$一定时，$M^{\mathrm{f}}$与$\delta$也存在负向关系；而当$m_n$一定时，$M^{\mathrm{f}}$与$N$呈正相关关系。融资服务差异化程度对于项目最优融资规模的正向影响可能来自个性化服务的品质提升，也可能来自金融服务创新工具的使用。另一方面，伴随金融机

构数量的变化,虽然各金融机构最优融资规模将受到项目利润水平影响,并体现出不同的变化趋势,但其市场融资总体规模却保持持续增长,表明在PPP项目中邀请更多金融机构作为融资服务提供商,将更有利于满足项目的融资规模需求。

## 4.5 本章小结

本章博弈模型围绕PPP项目全生命周期中竞标、融资和建设运营等主要阶段的主要活动,在三阶段博弈框架下展示了PPP项目融资决策对于运营商努力的实质影响。如图4-2所示,运营商在竞标阶段的努力水平除竞标环境和自身特点外,还受到政府承诺基础收益量的直接影响,运营商在建设运营阶段的努力水平则受到多种因素的叠加影响,特别是来自包括融资金额、融资结构、融资价格等项目融资决策指标的影响。当然,最优融资规模及价格的决定并非完全决定于项目或市场,而是其供需关系市场化并最终达到均衡的结果。在此过程中,有意愿提供融资服务的金融机构数量,及其融资服务的差异化程度均具有重要影响。

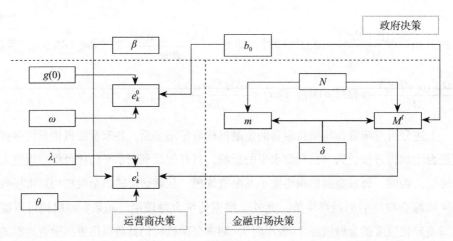

图4-2 PPP项目运营商努力与融资决策关系图

综合本章理论研究的主要发现可知,运营商努力水平将直接影响项目的最优收益水平,而项目融资决策又会对运营商努力水平起到引导和调节作用。特别是债权和股权融资结构的合理设定,将有助于运营商在较高水平下确保PPP项目的顺利开展。

# 5 运营商努力的激励仿真研究

为进一步验证上文模型基本结论和最优解特征，本章基于MATLAB软件，结合实际PPP项目案例，运用蒙特卡洛模拟等方法展开仿真研究。

## 5.1 案例基本信息

某市人民政府以政府与社会资本合作模式实施国道ABC某段至某段公路工程PPP项目。通过公开招标方式选定了项目投资人（"乙方"），且由中标人与该市交通建设投资集团有限责任公司（下称"甲方"）共同成立项目公司（简称"SPV"）实施本项目，建设期3年，运营期为30年。

该项目工程投资总金额200000万元，为简化问题，假设运营期中修、大修养护费平均产生，各年维护费$C_1$为250万元，其他费用$C_2$为100万元。该项目收费路段全长200km。假设特许期内的财政补贴一次性发生在建设期末，金额15000万元；项目折现率8%。

## 5.2 融资带来时间价值效应的测量变量设计

上文将$\theta$界定为运营商融资规模相对于其项目总体净现值的倍增程度。现实中存在多个接近的指标可以替代衡量：如资产负债率、杠杆率等。其中，资产负债率是一个综合衡量财务状况的指标，从静态角度衡量综合偿债能力；杠杆率在财务上被界定为所有者权益与资产的比例，尤其强调所有者权益在企业经营中的杠杆作用。由于前者为静态指标，后者立足于所有者权益，为间接衡量负债水平的指标，都不能贴切体现出运营商融资规模对该项目带来的价值倍增。而如果直接用最终均衡的融资金额与项目总体净现值作对比时，却容易受到不同项目其投资规模不同等较多因素影响，不易直观地看出融资金额直接带来的项目价值的倍增效应。

基于上文中对融资的讨论认为，运营商借助融资的成功可以尽早进入建设期，资金到位是有效提升建设效率的一个因素。因此，下文借鉴胡振等人（2010）的研究，用项目建设期缩短带来的服务提前效应（图5-1）来衡量运营商利用融资引起的项目时间价值效应，虽然该处理可能会低估$\theta$的数值，但$\theta$的变化特征不会被掩盖。

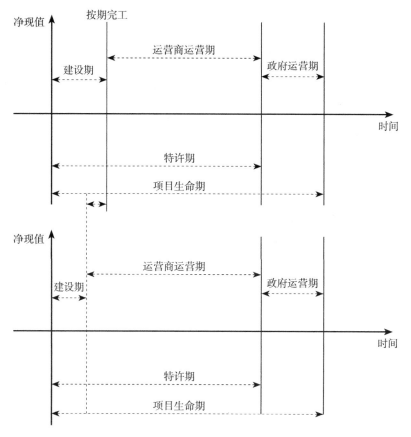

图5-1 不同完工期限的项目周期对比

在传统开发方式下，政府通常分别同设计公司、银行等金融机构以及建设单位进行谈判，其各环节在时间上交替进行；而在PPP项目中，民间实体与设计单位、建设单位、银行等金融机构以及其他关联主体的合作关系通常在项目投标前就已经确定，在项目开发过程中其合作更加默契，资金提前到位，可以使得项目开发过程的各个环节衔接的时间被有效缩短，从而项目整个建设周期被有效缩短，项目得以提前竣工和进入下一个供应环节，从而带来公共服务的提前供应，在合同到期日不变时，意味着运营期增长。考虑到阶段捆绑，运营期的运营商仍为建设期运营商，资产租赁费用属于内部转移，为突出反映工期提前带来的时间效用，暂不考虑上述资产租赁费。因此，原项目运营期基本收入的净现值（考虑补贴）简化描述为：

$$NPV_t = \frac{f}{(1+r)^t} + \sum_{t=t_1}^{t_1+t_2} \frac{CI_t - CO_t}{(1+r)^t} \quad (5-1)$$

而建设期缩短之后项目运营期基本收入的净现值（考虑补贴）为：

$$NPV_t' = \frac{f}{(1+r)^t} + \sum_{t=t_1'}^{t_1'+t_2} \frac{CI_t - CO_t}{(1+r)^t} \quad (5-2)$$

其中，$CI_t$ 为运营期内每期的现金流入，$CO_t$ 为运营商建设期内每期的现金流出，$r$ 为项目适用的折现率；且 $t_1' < t_1$。故而，融资活动引致的建设期缩短会使利润时间价值效应发生变化，即 $\theta = \frac{NPV_t'}{NPV_t}$。

### 5.2.1 确定性影响因素研究

进一步地，对上式"$\theta$"中的有关变量讨论如下：

（1）特许经营期

项目进入建设期之后，外界会出现很多干扰到运营商按合同履约按时完成交付的因素。当合同中规定将建设期和运营期加总计算特许经营期时，如果运营商通过运营努力的提升来化解项目面临的危机和威胁，使得项目能够按时竣工验收或者提前完工，那么当项目特许经营期一定的前提下，由建设期缩短会相应增长运营期期限，间接增加运营商获得更多运营收入，且提前获得政府付费。因此，在下文进行的仿真过程中，将特许经营期视作一个特定变量，建设期因存在运营努力可能存在微小变动，但也是基于常数范围。

（2）项目投资额

项目投资额除了指建设项目所投入的资金额度外，还可以更进一步地特指投资项目的资金结构。对于一个PPP项目，其项目资金分为两类：债务资金和权益资本。前者主要通过商业银行或其他专业的投融资机构提供，后者主要来源于政府和其他项目的发起人。

其中，股本资金来源于政府以及运营商或者联合体的投资，债务资金主要是金融机构的贷款。本研究中仅考虑建设项目的总投资金额，不考虑二者各自投资的比例和资金结构。为简化 $\theta$ 仿真过程，下文仅对运营期相关因素进行讨论，暂不考虑PPP项目总投资或运营期投资额。

（3）交通项目收费价格

各地高速公路收费一般都是按照车型进行划分，对于客车类车型会参照汽车作为数量进行归类，而货车主要是根据其载重情况划分为多个等级，不同等级的客车和不同载重的货车其收费价格截然不同。

常规研究中，高速公路收费价格被一些学者设置为变量，意味着收费价格可能随着外界情况发生变化，在具体研究中，他们认为收费价格的概率密度函数为均匀分布函数，可以使用均匀分布函数进行价格估计，并进一步假设收费价格服从 $Uniform(P_{min}, P_{max})$，其中 $P_{min}$ 和 $P_{max}$ 为收费价格的最小值和收费价格的最大值。均匀分布的情况下，如果区间最小值为 $a$，最大值为 $b$，那便说明收费价格这一随机变量出现在上面两个数字之间的可能性是同等的。设收费公路长度为 $L$，并设第 $t$ 期的总车流量为 $Q_t$，然后将所有车流量分客车和货车两类，客车收费价格每公里为 $P_1$，以载重吨位记重的货车其收费价格为 $P_2$，客车车型占交通流量的比重为 $q$，货车车型占交通流量比重为 $1-q$。

$$P_1 服从 f(x) = \begin{cases} \dfrac{1}{b-a} & a \leq x \leq b \\ 0 & 其他 \end{cases};$$

$$P_2 服从 f(x) = \begin{cases} \dfrac{1}{b-a} & a \leq x \leq b \\ 0 & 其他 \end{cases};$$

学者们假设所有车辆均行驶完全程（没有中途驶离高速公路），同时不考虑超重车辆对运营期收入的影响，则第 $t$ 期运营期的现金流入表达为：$CI_t = Q_t \times q \times P_1 L + Q_t \times (1-q) \times P_2 L$。

而本研究对交通项目收费价格根据实际情况设置为常数。因各地市收费标准差异巨大，以往研究中对收费价格的主观假设过多，并做出了随年份上涨假设，现实中各高速公路收费均须按照国家和地市相关规定进行，上涨可能性不大甚至常常有免费或优惠政策。

因此本研究对收费价格设为常数,所用收费价格按照国家和案例所在地标准,见表5–1。

案例所在地的高速公路收费标准　　　　　　　　　表5–1

| 车型<br>类别 | 车型及规格 | | 收费标准［元/（车·公里）］ |
| --- | --- | --- | --- |
| | 客车 | 货车 | |
| 第1类 | ≤7座位 | ≤2t | 0.40 |
| 第2类 | 8~19座 | 2t~5t（含5t） | 0.70 |
| 第3类 | 20~39座 | 5t~10t（含10t） | 0.90 |
| 第4类 | ≥40座 | 10t~15t（含15t）20英尺集装箱 | 1.12 |
| 第5类 | | 15t以上40英尺集装箱 | 1.30 |

来源：　案例所在地高速公路收费标准

（4）运营期的运营成本

在公路运营期间路面损坏产生的修理费用,工人对公路进行维护保养会产生一定的维护费用$C_1$,加上工人工资、绿化支出等都属于运营成本。上述成本中占比最多的是公路的养护成本,且与高速公路使用年限之间成正比。除此以外,其他费用$C_2$也是应该考虑的一部分成本。因此,第$t$期运营期的现金流出为$CO_t = C_1 + C_2$。在此,为简化问题,下文对公路养护成本和其他费用不做变动假设,采用同等级同里程公路费用座位案例公路养护费用数据,而不再用均匀分布函数估计$C_1$和$C_2$。综上可得,运营期内每期净现金流量为：$CI_t - CO_t$。

## 5.2.2　不确定性影响因素研究

每个项目所处行业部门不同,它们面临的不确定影响因素也各有不同。由于上文案例还未进入实际运营,因此交通量未知,需要进行预测,因此下文对该不确定性因素展开讨论,确定其预测方法。

交通量的变化会影响到特许经营期内项目的收益情况,是高速公路建成后评价其规划和管理的重要基础数据,也间接影响了项目的特许期。交通流量的概念有很多口径,包括转移交通量、趋势交通量和诱增交通量等。

转移交通量主要是指公路网内部不同交通方式下交通量的转移以及除了公路之外（如铁路、水路）的其他运输方式的转移。项目高速公路的使用成本与给消费者带来利益的多少都会影响到转移交通量的变化。

趋势交通量是交通流量的主要组成部分。由于交通量受地区经济发展水平、人口总量、人均收入等诸多因素的影响。趋势交通量就是由地区经济发展所引致的总交通量的增长而体现在该公路上的交通流量。

诱增交通量主要指由公路服务特性的改善使得道路车流量增加，或者因新建道路所带来的出行成本和时间的减少以及运输能力的提升，从而引起的短期内交通流量大幅度增加的数量。一般的，诱增交通量会在项目的建设期和建设完成后的一段时期内明显增加。项目建设完成投入运营之后的较长时期内，诱增交通量会迎来一个快速增长期。只不过，各地区经济结构和经济水平差异大，这个诱增交通量快速增加的时期发生的时间节点早晚不同。例如，西部地区由于经济发展水平普遍偏低，其诱增交通量的快速增长期会出现较晚。然而中东部地区产业结构调整较快，充分多元化，诱增交通量的快速增长时间节点会出现得较早。项目公路沿线经济发展到一定水平时诱增交通量的快速增长也会变缓直至趋于零。

一般研究中，通常使用增长率预测法来进行交通量预测。例如根据已经发成的历史数据，将一个周期设置为确定的年限数，且在这个周期时限内，交通流量的增长率是不变的。随着周期数变大，增长率就会出现递减的趋势。为了便于计算，有些研究中假设项目运营期内各种车型的构成比例固定，将交通量以小客车当量计算，且根据地市交通厅有关文件中关于调整公路交通情况调查车型分类及折算系数的要求，采用较新的调整后的车型分类及折算系数进行计算。在大多数应用研究中，学者们经常直接采纳交通量服从正态分布即 $Normal(\mu_p, \delta_p)$ 的结论，那就意味着交通量的概率密度函数为：$f(x) = \dfrac{1}{\delta_p \sqrt{2\pi}} e^{-(x-\mu_p)^2 / 2\delta_p^2}$，$\mu_p$ 为周期内通行量的平均数值，可以确定该正态分布的位置；$\delta_p$ 为周期内通行车辆的标准差，可以确定该正态分布的形态。然而这种做法并不适合每条公路的具体情况。

在本案例中，为了更真实地预测交通流量，尽量减少主观假设，故采用蒙特卡洛模拟方法，利用同等级别公路项目（PPP建设运营方式）的历史数据进行交通流量模拟，再随机预测本案例项目未来运营期内的交通情况。

## 5.3 基于蒙特卡洛模拟的时间价值仿真流程设计

蒙特卡洛方法也叫随机抽样技术，是一种随机抽样法。在计算物理学、金融工程学和宏观经济学等领域应用广泛。蒙特卡洛方法解题需要的步骤有三个：①构造或描述概率过程；②实现从已知概率分布抽样；③建立各种估计量。

根据上述三个步骤，首先假设在某一风险事件中随机变量$Y$与$n$个相互独立的随机变量$x_1, x_2, x_3, \cdots, x_n$之间存在关系如下：

$Y = f(x_1, x_2, x_3, \cdots, x_n)$，

且：$g_1(x_1), g_2(x_2), g_3(x_3), \cdots, g(x_n)$分别为$x_1, x_2, x_3, \cdots, x_n$的密度函数。

此时就可以利用计算机采用抽样的方法产生与$n$个独立随机变量一致且符合$g_1(x_1), g_2(x_2), g_3(x_3), \cdots, g(x_n)$分布的随机数序列：

$\{x_1^1, x_2^1, x_3^1, \cdots, x_n^1\}$

将产生的随机数$\{x_1^1, x_2^1, x_3^1, \cdots, x_n^1\}$代入函数$Y = f(x_1, x_2, x_3, \cdots, x_n)$中，可以得到$Y$的一个固定值$Y_1$。

重复以上步骤，进行$K$次抽样计算，就可以得到$K$个随机变量$Y$的对应值：

$$\begin{cases} Y_1 = f(x_1^1, x_2^1, x_3^1, \cdots, x_n^1) \\ Y_2 = f(x_1^2, x_2^2, x_3^2, \cdots, x_n^2) \\ Y_3 = f(x_1^3, x_2^3, x_3^3, \cdots, x_n^3) \\ \cdots \\ Y_k = f(x_1^4, x_2^4, x_3^4, \cdots, x_n^4) \end{cases}$$

当$K$足够大时，这些抽样数据就可以作为样本数据，然后通过对上述数据进行统计分析就可以得到$Y$的方差、期望值等特征统计值，进一步还可以获得$Y$的概率分布。所以，上述过程必须遵循两点要求：①数据模拟次数足够充分，且各个模拟过程要互相独立；②在使用仿真方法进行模拟时，抽取随机数的过程必须是随机的，且该随机数必须与随机自变量之间具有同样的概率分布。

文中设计$\theta$的计算机仿真流程包含了内部循环以及外部循环两部分。下文中，仿真次数循环即为外部循环。当次数$\geq 1000$时，便进入外循环，同时停止循环并对所有

得出的θ仿真结果进行统计分析；而当次数≤1000时进入内循环，即按照流程图进行常规计算，每计算一次可以得到一个对应的θ数值。首先，根据被案例简化过的假设条件进入运营期计算，由随机数发生器产生关于运营成本和运营收益的随机数，模拟运营期各期项目的净现值。然后，分别计算建设期不变和建设期提前两种情形下的净现值，根据二者各自的仿真值计算θ数值，如图5-2所示。

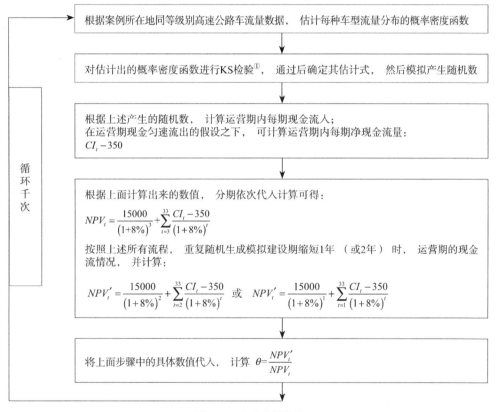

图5-2 θ仿真流程设计

---

① KS 检验是在样本量比较小的时候，比较一个频率分布 $f(x)$ 与理论分布 $g(x)$ 或者两个观测值分布的非参数检验方法。

## 5.4 运营商努力的激励仿真

### 5.4.1 对交通车流量的密度函数估计

首先将案例所在地的同等级别高速公路的一型客车历史流量数据导入MATLAB软件，利用dfittool命令模拟概率密度函数，如图5-3所示。

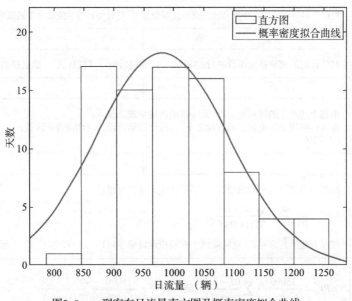

图5-3 一型客车日流量直方图及概率密度拟合曲线

得到拟合公式为：$f_1(x) = 18.1983 \times \exp(-((x+980.7111)/155.8134)^2)$

且通过了KS检验（$P<0.05$），说明一型客车流量符合正态分布。同理，分别将二型客车至五型货车的所有流量数据导入MATLAB进行相关分析，得到的概率密度函数估计如图5-4～图5-11所示，均已通过KS检验。

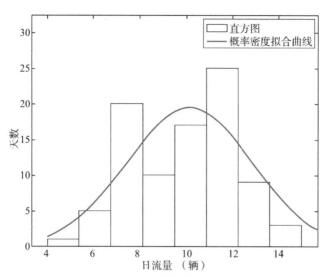

图5-4 二型客车日流量直方图及概率密度拟合曲线

拟合公式为：$f_2(x) = 19.5453 \times \exp(-((x+10.1429)/3.814)^{\wedge}2)$

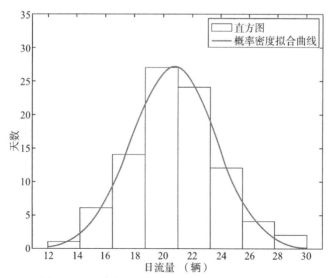

图5-5 三型客车日流量直方图及概率密度拟合曲线

拟合公式为：$f_3(x) = 27.2077 \times \exp(-((x+20.7392)/4.112)^{\wedge}2)$

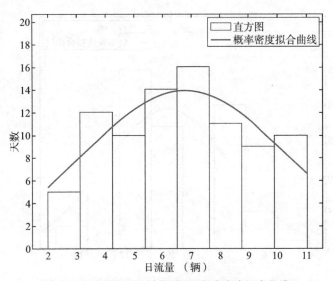

图5-6 四型客车日流量直方图及概率密度拟合曲线

拟合公式为：$f_4(x) = 13.9458 \times \exp(-((x+6.7728)/4.9202)^2)$

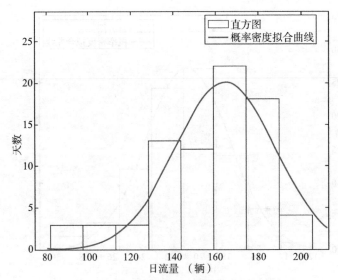

图5-7 一型货车日流量直方图及概率密度拟合曲线

拟合公式为：$f_5(x) = 23.0157 \times \exp(-((x+162.7948)/37.3513)^2)$

5 运营商努力的激励仿真研究 | 113

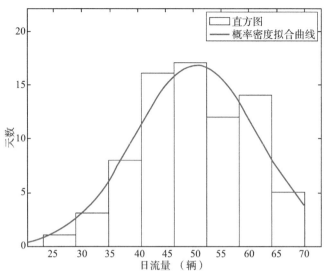

图5-8 二型货车日流量直方图及概率密度拟合曲线

拟合公式为：$f_6(x) = 20.9061 \times \exp\left(-\left((x+51.2588)/15.912\right)^\wedge 2\right)$

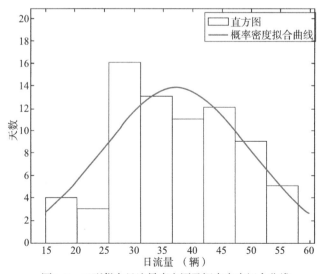

图5-9 三型货车日流量直方图及概率密度拟合曲线

拟合公式为：$f_7(x) = 17.8887 \times \exp\left(-\left((x+36.7056)/18.3129\right)^\wedge 2\right)$

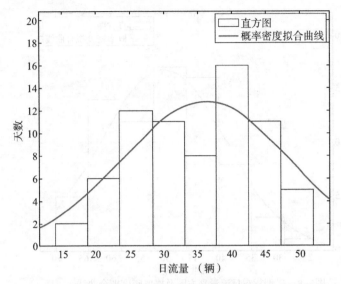

图5-10 四型货车日流量直方图及概率密度拟合曲线

拟合公式为:$f_8(x)= 18.7802 \times \exp(-((x+36.1078)/15.8208)\wedge 2)$

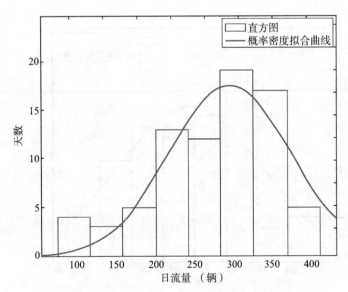

图5-11 五型货车日流量直方图及概率密度拟合曲线

拟合公式为:$f_9(x)= 20.8073 \times \exp(-((x+299.5026)/102.5139)\wedge 2)$

## 5.4.2 对融资带来时间价值效应的仿真模拟

得到各类车型的车流量分布的概率密度函数后，通过产生随机数的方式，随机模拟抽样产生项目未来30年、31年和32年的交通流量数据。然后计算出各年的收费情况见表5-2~表5-4。

模拟1次的30年收费年收入（万元）　　　表5-2

| 一客 | 二客 | 三客 | 四客 | 一货 | 二货 | 三货 | 四货 | 五货 | 合计 |
|---|---|---|---|---|---|---|---|---|---|
| 28827120 | 543760 | 1411560 | 558656 | 4803040 | 2621920 | 2460960 | 2984352 | 27824680 | 72036048 |
| 28387040 | 548520 | 1405980 | 574112 | 4839120 | 2600780 | 2500380 | 3063872 | 28292420 | 72212224 |
| 29123680 | 544040 | 1392840 | 570304 | 4896480 | 2589160 | 2464920 | 2968672 | 27607320 | 72157416 |
| 28715120 | 534800 | 1383840 | 581056 | 4821840 | 2616740 | 2430180 | 3018624 | 27534260 | 71636460 |
| 28472960 | 549080 | 1407240 | 572096 | 4797200 | 2585800 | 2472480 | 2963296 | 27643200 | 71463352 |
| 28518640 | 545440 | 1402200 | 581728 | 4823280 | 2583140 | 2482740 | 2995328 | 27733420 | 71665916 |
| 28268480 | 549500 | 1388880 | 569632 | 4833600 | 2605680 | 2522880 | 2971808 | 27596660 | 71307120 |
| 28955520 | 538580 | 1394100 | 564704 | 4799440 | 2615200 | 2518920 | 3015264 | 27895400 | 72297128 |
| 28454720 | 540680 | 1391580 | 585088 | 4831280 | 2592100 | 2486520 | 2948736 | 27909960 | 71740664 |
| 28929680 | 536480 | 1407600 | 562688 | 4814160 | 2638580 | 2482560 | 3058496 | 28173600 | 72603884 |
| 28539440 | 547400 | 1396800 | 575456 | 4828560 | 2619400 | 2535840 | 3073952 | 27711580 | 71828428 |
| 28531760 | 536900 | 1396800 | 573664 | 4871280 | 2582440 | 2483100 | 2981888 | 27866020 | 71823852 |
| 28806880 | 548520 | 1403460 | 581280 | 4817540 | 2659160 | 2477880 | 3069920 | 28091440 | 72455980 |
| 28872080 | 541380 | 1406880 | 568288 | 4766160 | 2596440 | 2486880 | 3067232 | 28220140 | 72525480 |
| 28372800 | 545440 | 1403100 | 590464 | 4800240 | 2658320 | 2522340 | 3018400 | 28277600 | 72188704 |
| 28495040 | 549640 | 1397880 | 549920 | 4877040 | 2568440 | 2432880 | 2961504 | 27515800 | 71348144 |
| 28696720 | 538440 | 1402560 | 573440 | 4817360 | 2615200 | 2446760 | 3060960 | 28466100 | 72617340 |
| 28466560 | 536200 | 1411020 | 565152 | 4771280 | 2668540 | 2507940 | 3043712 | 27812720 | 71783124 |
| 28381200 | 550060 | 1399140 | 559776 | 4816560 | 2634660 | 2447280 | 3019744 | 28232880 | 72041300 |

续表

| 一客 | 二客 | 三客 | 四客 | 一货 | 二货 | 三货 | 四货 | 五货 | 合计 |
|---|---|---|---|---|---|---|---|---|---|
| 28944240 | 552020 | 1404540 | 570528 | 4833440 | 2625840 | 2473740 | 2955232 | 27883700 | 72243280 |
| 28461440 | 549360 | 1387080 | 557536 | 4830240 | 2566760 | 2491200 | 2898784 | 27885260 | 71627660 |
| 28708080 | 547680 | 1382040 | 566944 | 4809760 | 2589020 | 2482740 | 3006080 | 27466400 | 71558744 |
| 28461680 | 550760 | 1397520 | 578144 | 4831280 | 2668400 | 2628540 | 2985920 | 27708200 | 71810444 |
| 28374640 | 545580 | 1387260 | 554624 | 4875840 | 2608340 | 2466180 | 3057376 | 28289300 | 72159140 |
| 28681440 | 531440 | 1384920 | 569856 | 4822160 | 2590840 | 2484900 | 2968448 | 28004600 | 72038604 |
| 28589920 | 556080 | 1402740 | 547232 | 4812640 | 2623460 | 2502900 | 3038560 | 27688700 | 71762232 |
| 28330960 | 546840 | 1391760 | 569856 | 4805280 | 2648660 | 2434500 | 3011456 | 27655940 | 71395252 |
| 28605840 | 532420 | 1401480 | 567392 | 4867200 | 2613520 | 2462040 | 3049984 | 28328560 | 72428436 |
| 28784640 | 535920 | 1388520 | 556640 | 4839040 | 2630880 | 2573100 | 2966432 | 27987960 | 72263132 |
| 28502560 | 525000 | 1398780 | 569184 | 4756160 | 2542260 | 2484000 | 2988608 | 28374320 | 72140872 |

来源：根据上文预测的各车型流量密度函数进行抽样、循环计算获得

模拟1次的31年收费年收入（万元） 表5-3

| 一客 | 二客 | 三客 | 四客 | 一货 | 二货 | 三货 | 四货 | 五货 | 合计 |
|---|---|---|---|---|---|---|---|---|---|
| 28414960 | 537320 | 1400760 | 592704 | 4852800 | 2622480 | 2516940 | 3020416 | 27681680 | 71640060 |
| 28712320 | 554260 | 1391040 | 570752 | 4894320 | 2592380 | 2467800 | 3045504 | 28415660 | 72644036 |
| 28592000 | 545300 | 1399680 | 565152 | 4752960 | 2625840 | 2447280 | 3047072 | 28550600 | 72525884 |
| 28525120 | 549360 | 1401840 | 572544 | 4742480 | 2597280 | 2465100 | 2938432 | 28072460 | 71864616 |
| 28663920 | 539000 | 1388700 | 567616 | 4827760 | 2642360 | 2506860 | 3033632 | 27882660 | 72052508 |
| 28812240 | 547400 | 1392480 | 582848 | 4786240 | 2538900 | 2475000 | 2993312 | 27873820 | 72002240 |
| 28431280 | 544320 | 1386900 | 566944 | 4867840 | 2587760 | 2487960 | 3025568 | 28615600 | 72514172 |
| 28643840 | 537600 | 1396800 | 581728 | 4816080 | 2589020 | 2502540 | 3041696 | 28035280 | 72144584 |
| 28637360 | 550060 | 1398960 | 574336 | 4817040 | 2619260 | 2448540 | 2989504 | 27911780 | 71946840 |
| 28647040 | 542220 | 1395900 | 567840 | 4776480 | 2593360 | 2491920 | 2991744 | 27985620 | 71992124 |

续表

| 一客 | 二客 | 三客 | 四客 | 一货 | 二货 | 三货 | 四货 | 五货 | 合计 |
|---|---|---|---|---|---|---|---|---|---|
| 28794160 | 530880 | 1389240 | 575680 | 4791440 | 2580340 | 2494980 | 2896768 | 28189200 | 72242688 |
| 28409680 | 553980 | 1406700 | 578368 | 4834080 | 2592380 | 2413620 | 2991520 | 27933360 | 71713688 |
| 28767440 | 534240 | 1388880 | 576352 | 4793760 | 2570120 | 2477340 | 3010784 | 27894360 | 72013276 |
| 28672400 | 547680 | 1409220 | 565600 | 4860720 | 2608200 | 2524680 | 3024672 | 28491840 | 72705012 |
| 28549920 | 553280 | 1394100 | 571648 | 4782480 | 2583420 | 2479140 | 2957920 | 27554540 | 71426448 |
| 28511440 | 537040 | 1382040 | 565824 | 4830320 | 2608480 | 2457540 | 2933504 | 27469260 | 71295448 |
| 28807600 | 547960 | 1380780 | 571648 | 4816160 | 2629620 | 2507940 | 2920064 | 27781000 | 71962772 |
| 28628400 | 542640 | 1407420 | 573664 | 4780720 | 2637600 | 2484720 | 2902816 | 27504620 | 71462600 |
| 28955920 | 539700 | 1388700 | 552832 | 4800000 | 2652440 | 2539080 | 2989952 | 27824160 | 72242784 |
| 28683120 | 549780 | 1382040 | 560896 | 4846880 | 2611420 | 2435400 | 2919616 | 28066480 | 72055632 |
| 28708320 | 544180 | 1399320 | 570304 | 4854720 | 2626960 | 2492640 | 2946944 | 28079220 | 72222608 |
| 28645280 | 536620 | 1385280 | 587552 | 4845920 | 2625700 | 2466540 | 2972480 | 28075580 | 72140952 |
| 28582320 | 550620 | 1413720 | 569184 | 4867840 | 2570540 | 2521440 | 3036544 | 27996280 | 72108488 |
| 28937520 | 552580 | 1390680 | 579936 | 4852960 | 2601620 | 2467080 | 2990848 | 27841060 | 72214284 |
| 28903360 | 537740 | 1416600 | 560224 | 4792320 | 2630740 | 2474280 | 3000928 | 28716220 | 73032412 |
| 28514000 | 562940 | 1384380 | 575904 | 4809680 | 2586080 | 2524500 | 3094112 | 27832480 | 71884076 |
| 28891680 | 541100 | 1402020 | 570528 | 4862960 | 2580340 | 2489760 | 3079104 | 27732380 | 72149872 |
| 28587760 | 555800 | 1380960 | 581056 | 4776000 | 2562840 | 2458440 | 3007200 | 27834300 | 71744356 |
| 28525840 | 544600 | 1388700 | 582624 | 4754000 | 2554300 | 2506860 | 3028032 | 28174640 | 72059596 |
| 28302080 | 532980 | 1396340 | 559776 | 4776720 | 2611280 | 2467620 | 2991072 | 27620840 | 71258808 |
| 28455120 | 551740 | 1400940 | 574336 | 4824160 | 2634660 | 2476980 | 2988608 | 27801280 | 71707824 |

来源：根据上文预测的各车型流量密度函数进行抽样、循环计算获得

模拟1次的32年的各车型收费年收入（万元） 表5–4

| 一客 | 二客 | 三客 | 四客 | 一货 | 二货 | 三货 | 四货 | 五货 | 合计 |
|---|---|---|---|---|---|---|---|---|---|
| 28802000 | 537320 | 1407960 | 574112 | 4795200 | 2611140 | 2525940 | 3085824 | 28371720 | 72711216 |

续表

| 一客 | 二客 | 三客 | 四客 | 一货 | 二货 | 三货 | 四货 | 五货 | 合计 |
|---|---|---|---|---|---|---|---|---|---|
| 28565200 | 554260 | 1386180 | 570080 | 4834240 | 2611980 | 2502720 | 2927904 | 28554760 | 72507324 |
| 28610080 | 545300 | 1387980 | 576576 | 4793760 | 2623040 | 2518740 | 2887360 | 28519920 | 72462756 |
| 28626240 | 549360 | 1400760 | 572544 | 4833280 | 2648100 | 2516580 | 2998912 | 27610440 | 71756216 |
| 28591440 | 539000 | 1407960 | 580384 | 4832720 | 2583140 | 2521620 | 3091872 | 27898260 | 72046396 |
| 28578640 | 547400 | 1384560 | 586880 | 4842160 | 2658600 | 2431440 | 2919616 | 28501720 | 72451016 |
| 28434800 | 544320 | 1399680 | 583296 | 4829680 | 2629900 | 2457360 | 2979648 | 28073240 | 71931924 |
| 28957920 | 537600 | 1383120 | 577024 | 4838640 | 2685480 | 2512980 | 2998688 | 27743560 | 72235012 |
| 28719920 | 550060 | 1391040 | 575232 | 4836880 | 2615480 | 2494260 | 2970016 | 27556100 | 71708988 |
| 28578480 | 542220 | 1402560 | 572768 | 4835280 | 2561860 | 2500560 | 2920288 | 28164500 | 72078516 |
| 28520000 | 530880 | 1398780 | 584640 | 4813680 | 2604700 | 2504520 | 3063424 | 28295020 | 72315644 |
| 28717280 | 553980 | 1390680 | 544096 | 4861920 | 2600920 | 2502900 | 2914240 | 28327520 | 72413536 |
| 28604320 | 534240 | 1402020 | 576352 | 4802480 | 2622760 | 2500020 | 2931264 | 27561560 | 71535016 |
| 28769120 | 547680 | 1387080 | 577024 | 4838480 | 2607780 | 2496240 | 2993536 | 27579760 | 71796700 |
| 28980720 | 553280 | 1399320 | 581504 | 4844320 | 2666020 | 2455920 | 2925440 | 27703000 | 72109524 |
| 28763920 | 537040 | 1391940 | 569408 | 4788400 | 2540720 | 2480760 | 2923424 | 27667640 | 71663252 |
| 28746880 | 547960 | 1401120 | 583520 | 4886960 | 2566200 | 2501280 | 3034080 | 28026700 | 72294700 |
| 28450640 | 542640 | 1393020 | 572320 | 4850800 | 2616740 | 2451420 | 3006528 | 27818960 | 71703068 |
| 28757680 | 539700 | 1393740 | 573888 | 4819280 | 2648240 | 2514420 | 2995328 | 28003300 | 72245576 |
| 28661680 | 549780 | 1399320 | 573664 | 4797600 | 2594620 | 2499840 | 2984576 | 28187120 | 72248200 |
| 28641200 | 544180 | 1407420 | 576128 | 4864160 | 2610580 | 2511180 | 2957696 | 28438020 | 72550564 |
| 28442640 | 536620 | 1404000 | 581728 | 4806560 | 2592380 | 2394180 | 2900576 | 27979120 | 71637804 |
| 28652800 | 550620 | 1379340 | 551040 | 4814480 | 2597840 | 2435400 | 3028256 | 28427620 | 72437396 |
| 28575840 | 552580 | 1411380 | 585088 | 4837760 | 2531900 | 2456640 | 3034080 | 28236780 | 72222048 |
| 28674240 | 537740 | 1389420 | 580832 | 4828960 | 2680860 | 2408040 | 2944704 | 28536820 | 72581616 |
| 28562240 | 562940 | 1398060 | 560672 | 4755520 | 2585520 | 2414160 | 3100384 | 27257360 | 71196856 |
| 28905120 | 541100 | 1401660 | 570752 | 4872240 | 2618840 | 2463480 | 2957024 | 28004600 | 72334816 |

续表

| 一客 | 二客 | 三客 | 四客 | 一货 | 二货 | 三货 | 四货 | 五货 | 合计 |
|---|---|---|---|---|---|---|---|---|---|
| 28619200 | 555800 | 1389960 | 562240 | 4844880 | 2674280 | 2498760 | 2893408 | 28026960 | 72065488 |
| 28355840 | 544600 | 1392480 | 571648 | 4853040 | 2614500 | 2439000 | 2940896 | 28019160 | 71731164 |
| 28857520 | 532980 | 1406340 | 568288 | 4818720 | 2652720 | 2495520 | 2997568 | 28946320 | 73275976 |
| 28784320 | 551740 | 1397880 | 583744 | 4801920 | 2596860 | 2492460 | 3022208 | 28880280 | 73111412 |
| 28592480 | 553682 | 1394280 | 568736 | 4829040 | 2611420 | 2387160 | 3024448 | 28361580 | 72322826 |

来源：根据上文预测的各车型流量密度函数进行抽样、循环计算获得

将表5-2中模拟一次的高速公路收费收入代入公式：

$$NPV_t = \frac{15000}{(1+8\%)^3} + \sum_{t=3}^{33} \frac{CI_t - 350}{(1+8\%)^t}$$

可得到30年的简化运营期年收入的一个净现值。同理，将表5-3和表5-4数据代入前文的净现值公式，可得到一次31年和32年的简化收入净现值。将上面预测、计算获得的数据代入计算：

$$\theta_1 = \frac{NPV_t'}{NPV_t}$$

可以获得案例项目的一个θ数值1.09。再将上面设计好的预测、计算过程循环第2次、第3次、……、第1000次，即可获得θ的一个稳定的数值区间，本例中为[1.09，1.18]。由于前文设计该指标时讨论到，指标设计会降低融资带来的净现值效应，因此后面仿真过程可以放松θ取值范围，即按其大于1.09的区间来取值。

### 5.4.3 对相关变量间激励关系的仿真

针对上一章4.4中的推论，下面通过案例数据的仿真来验证各相关变量间的具体关联情况。结合前文5.1的案例基本信息，数值模拟结果如下：

（1）对$e_k^1$与$\gamma_k$、$\theta$、$\Gamma$、$\beta$之间关系的数值模拟。有关参数取值$\lambda = 200$，$\beta = 0.3$，$\Gamma = 0.8$，则$e_k^1$与$\gamma_k$的关系如图5-12所示。

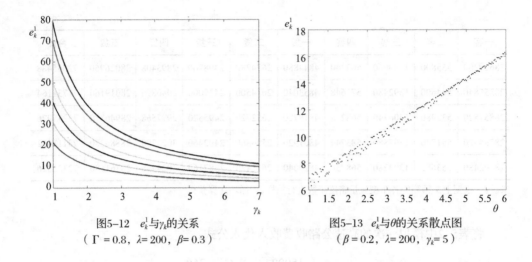

图5-12　$e_k^1$与$\gamma_k$的关系
（$\Gamma=0.8$，$\lambda=200$，$\beta=0.3$）

图5-13　$e_k^1$与$\theta$的关系散点图
（$\beta=0.2$，$\lambda=200$，$\gamma_k=5$）

通过上一章可知，$\gamma_k$代表运营商$k$运营努力成本曲率，该数值越大，则意味着运营商付出运营努力时自身成本增加得越快。根据图5-12反映出的关系来看，运营商运营努力$e_k^1$会随着成本曲率增大而降低；此外对$\theta$扩大取值范围，令其等于整数$1\sim7$，模拟的曲线依次从最下端移动到最上端，说明随着融资带来的时间价值效应的增大，同等运营努力成本变动之下所对应的运营努力$e_k^1$的降低幅度会被加剧。

进一步地，我们对$e_k^1$与$\theta$的关系进行仿真（图5-13），对$\Gamma\in[0,1]$按平均分布进行随机抽样，绘制散点图。发现二者呈现正相关关系。即当融资带来的时间价值效应变大时，运营商选择的努力水平也将提升。进一步地，当我们改变运营商从外部引入的总股份时发现，随着运营商从外部引入的总股份数量$\Gamma$增多时，如$\Gamma$取0.35时为图5-14中最上面的一条直线，$\Gamma$取0.7时为最下面的直线，这种随着$\Gamma$取值变大而直线位置下移的情况，说明运营商努力水平呈总体下降趋势，也就是说，即便利用好外部融资有可能提升项目利润，并激励运营商选择较高的运营努力水平，但如果外部融资引入过多总股权数，却可能压抑运营商的运营努力，降低对运营商的运营努力的激励效果。这也提示我们，在对PPP项目进行外部融资时，股权比例的设置是一个需要谨慎对待的因素。

进一步地，我们对$e_k^1$和运营商外部融资的总股份数$\Gamma$进行仿真，得到如图5-15所示的关系图。

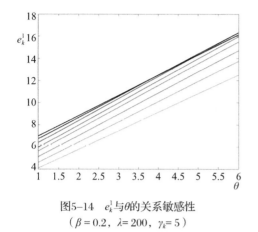 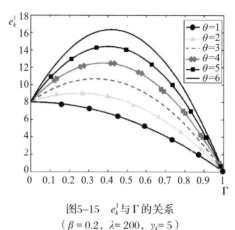

图5-14　$e_k^1$与$\theta$的关系敏感性
（$\beta=0.2$，$\lambda=200$，$\gamma_k=5$）

图5-15　$e_k^1$与$\Gamma$的关系
（$\beta=0.2$，$\lambda=200$，$\gamma_k=5$）

通过图5-15，我们可以发现，在本案例项目中，运营商的运营努力$e_k^1$与外部融资引入的总股份比例$\Gamma$之间存在着不确定的关系。当$\Gamma\in[0,0.5]$时，运营商的运营努力$e_k^1$与外部融资引入的总股份比例$\Gamma$之间正相关，即当外部引入的股权数量增加时，运营商会选择更加努力进行后期的建设运营；但是当外部引入的总股份比例$\Gamma\in[0.5,1]$时，运营商的努力水平会持续下降。而且，随着融资规模所引起的项目时间价值效应加强（即提高$\theta$取值）时，我们能看到，运营商努力和外部引入股权总数之间的倒U形关系更加明显，且拐点位置出现得也更早一些。

理论上而言，倒U形曲线的出现可能有两种原因，如果引入的外部股权过多，这些股权（股东）资金的永续性已经为项目风险兜底，运营商出于自身利益，考虑到运营努力也是有成本的（由$\gamma_k$可以体现），因此可能会减弱努力水平；另一方面，在我国PPP实践中，由于外部金融机构股权一般只是形式上的股权，只获得固定收益，跟不承担项目风险的债权本质相同，并没有同比例地与运营商共同承担起相应的风险和不确定性，因此，业界很多人员称金融机构是"躺着挣钱"，随着它们入股比例的提升，分红比例相应上升，而分担的风险却没有任何变化，因此在这一情境下，运营商会选择在不违规的前提下降低运营努力水平来保证自身利润的获得。因此才会出现图5-15的拐点。至此，也说明了PPP项目相对于传统项目而言，融资难度大，管理难度更大。

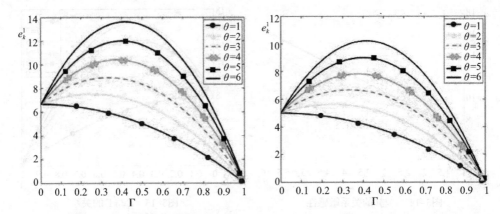

图5-16 不同运营努力成本$\gamma_k$对图5-15结论的进一步影响($\beta=0.2$，$\lambda=200$)

进一步地，我们再将运营商运营努力的成本曲率$\gamma_k$考虑进来，仿真运营商运营努力成本对上述拐点效应的影响，如图5-16所示。

通过上面两图对比，可以发现只是运营商在初始努力水平的选择上有所不同，取$\gamma_k=6$时，运营商初始努力水平位于(6，8)，而取$\gamma_k=8$时，运营商初始努力水平位于(4，6)，比之前有所下降。其他趋势包括拐点并没有明显变化。

再次，我们对运营商的运营努力$e_k^1$与政府转移支付补偿比例$\beta$之间的仿真关系如图5-17所示。

由图5-17可知，运营商的运营努力$e_k^1$随政府转移支付补偿比例$\beta$增加而增大，可见政府对项目收益的保障作用非常突出。在进行调研过程中，我们了解到很多项目融资方和有意向参与项目的企业都比较在意项目是否已经入库，是否获得省人大批文，这些因素都隐含着政府转移支付资金。对于一些没有PPP经验的企业而言，这方面讯号成为他们进入PPP领域重点关注的因素。

为探讨$e_k^1$与$\beta$正向关系的敏感度，令参数$\theta$赋值为整数1~7，模拟出了自下向上一组直线（如图5-18所示），说明$\theta$赋值越大，外部融资的杠杆效应越强，运营商努力水平的提升速度越快。这充分说明，运营商选择努力水平时既和政府行为有着较为密切的关系，也和项目融资特点有关。

另外，第4章进行理论建模时，假设运营商为了尽早完成融资，激励金融机构投资，会设置一定的股权激励，该股权激励与债权存在线性捆绑，即$\tau_n=\varphi m_n/M^d$，由

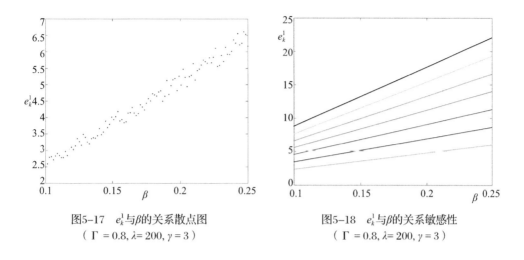

图5-17 $e_k^1$与$\beta$的关系散点图
（$\Gamma=0.8, \lambda=200, \gamma=3$）

图5-18 $e_k^1$与$\beta$的关系敏感性
（$\Gamma=0.8, \lambda=200, \gamma=3$）

此可知，运营商的努力水平$e_k^1$和$m_n$、$N$、$\varphi$都存在间接关系。接下来，本书继续分析融资活动中$m_n$、$N$、$\varphi$与$\pi_k^1$之间的关系。

（2）对$m_n$、$N$、$\varphi$与$\pi_k^1$之间关系的数值模拟

根据上文的案例背景，我们对参数分别取值为：$F=0.11$；$C=0.05$；$M=37$；$\alpha=15$；$S=5$；$\beta=0.3$；$\theta=3$；$V=0.88$；$\delta=0.5$。上一章模型解析时，我们得到金融机构$n$提供的债权融资量$m_n$和运营商$k$获得的项目直接利润$\pi_k^1$之间的关系会受到金融机构家数$N$的影响，因此下文将这三个变量置于三维坐标，分析如图5-19所示。

金融机构$n$投入债权资金$m_n$后，若其投入的股权资金比例远低于其投入的债权资金量（如$\varphi=0.1$），则由图5-19（a）可知，当项目利润$\pi_k^1$一定时，参与融资竞争的金融机构家数$N$增多，会导致该金融机构$n$投入PPP项目中的债权资金数量$m_n$减少，股权资金数量也随债权减少而减少。这就意味着，融资竞争越激烈，每家金融机构在PPP项目中的投资份额可能会下降，但所有进入机构投入的总融资金额$M^f=N\times m_n$较之前不变。随着$\varphi$取值的增大，即金融机构$n$投入项目资金中的股权资金与债权资金$m_n$的捆绑关系增强，此时，$m_n$与$N$的关系与之前相同。

这就意味着，当以银团方式对PPP项目进行资金投入时，金融机构家数$N$增多，会降低每家金融机构承担的资金风险，有利于项目融资。随着债权与股权捆绑关系的进一步加强，例如$\varphi=0.98$时，我们发现$m_n$与$N$之间的关系发生逆转（图5-19e）。当项

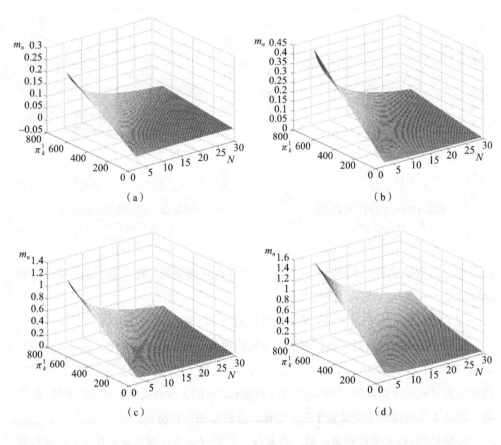

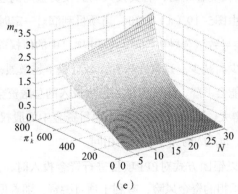

图5-19　$m_n$与$N$、$\pi_k^1$的关系

(a) $\varphi=0.1$; (b) $\varphi=0.2$; (c) $\varphi=0.5$; (d) $\varphi=0.7$; (e) $\varphi=0.98$

目建设运营阶段利润$\pi_k^1$=800，$m_n$与$N$正相关。这说明当PPP项目利润较高且股权与债权捆绑强度较强时，随着参与融资的金融机构家数增加，对金融机构提供的债权资金$m_n$有较强的激励作用，促使其愿意提供更多的资金注入项目当中。

综上，金融机构提供的债权融资量$m_n$与金融机构家数$N$存在不明确的关系，股权债权关系强度$\varphi$对$m_n$与$N$之间存在调节效应。

同时，通过图5-19（a）~（e）可以得到，无论股权与债权的关系强度$\varphi$如何，项目建设运营利润$\pi_k^1$对金融机构提供的债权资金量$m_n$有激励作用。

（3）对$M^f$、$\delta$之间关系的数值模拟

按照前文参数取值，本环节所需参数取值为$N$=8，$\pi_k^1$=30；令$\theta$分别等于2，3，4，5，6，模拟出自下向上依次排列的一组曲线（如图5-20所示），揭示出$M^f$和$\delta$之间存在着一致的负向关系：$\delta$越大，总融资规模越小，即金融服务的差异化程度越小，越不利于外部融资规模的扩大。进一步，因第4章$M^f=N \times m_n$，通过图5-19e可知金融机构$n$与其他$n-1$家银行存在较大的服务差异化时，该金融机构$n$能提供更多的债权资金量，即该金融机构能获得更多投资份额。

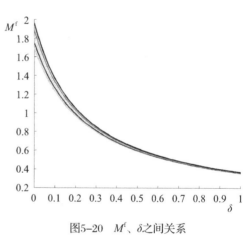

图5-20　$M^f$、$\delta$之间关系

## 5.5　本章小结

在本章的仿真过程中，将项目建设期与其运营期合并为一个阶段，通过收集相似PPP项目的交通流数据，再运用蒙特卡洛模拟和数值模拟方法，进行了相关变量间关系的研究，验证了运营商融资决策与运营努力的主要规律性结论如下：

当融资带来的时间价值效应$\theta$变大，运营商选择的努力水平$e_k^1$也将提升，若考虑外部融资引入的总股份数$\Gamma$对$\theta$与$e_k^1$的调节效应时，可知$\Gamma$越大，则运营商会降低初

始努力水平。运营商运营努力$e_k^1$会随努力成本曲率$\gamma_k$的增大而降低；进一步地，若考虑$\theta$对$e_k^1$与$\gamma_k$之间调节效应，则$\theta$越大，运营商运营努力$e_k^1$与努力成本曲率$\gamma_k$之间的负相关关系越明显。

当$\Gamma\in(0,0.5)$时，运营商的运营努力$e_k^1$与外部引入的股权比例$\Gamma$之间正相关，当外部引入的股权比例$\Gamma\in(0.5,1)$时，运营商的努力水平会持续下降。而且，随着融资规模所引起的项目时间价值效应$\theta$增强，运营商努力和外部引入股权比例之间的倒U形关系更加明显，且拐点位置出现得也更早一些。

运营商的运营努力$e_k^1$随政府转移支付补偿比例$\beta$增加而增大，且运营商选择努力水平时除了和项目本身质量有关，还和政府行为有着较为密切的关系。当运营商能从项目上获得较高的直接利润$\pi_k^1$时，金融机构数量增多可促进最优融资规模的扩大。

当考虑股权与债权融资捆绑关系强度$\varphi$时，也就是考虑政府对金融机构参与PPP融资设置融资激励时，$m_n$和$N$之间存在不确定的关系，也就是金融机构家数的增多，并不必然会增加金融机构提供的总融资规模，但却会影响单家金融机构提供的资金量。即：当融资激励$\varphi$较强时，$m_n$和$N$之间正相关；而当融资激励$\varphi$较弱时，$m_n$和$N$之间负相关。这充分说明了PPP融资中，股权存在一定的融资激励效应，不仅能增加单家金融机构参与的资金量，还能提升所有金融机构投入的总资金量。最后，金融机构提供金融服务的差异化程度能有效提升金融机构提供的资金规模，这意味着在PPP融资活动中，金融机构的服务差异越大，提供的专业产品越多，越有利于项目运营。

# 6 提升运营商努力水平的管理对策研究

通过上文模型构建、案例仿真与数值模拟分析，得到了PPP融资模式下运营商努力的重要影响因素。这些影响因素来自PPP项目生命周期的各个阶段，也因政府、运营商和金融机构决策所致，因此相应的管理对策应建立在三阶段、三主体基础之上，且对策应以影响运营商努力水平的激励因素为着眼点，构建多主体协同的管理对策集合（图6-1）。

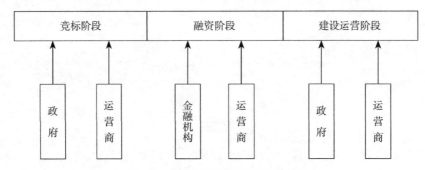

图6-1　运营商努力的激励对策框架

## 6.1　竞标阶段相应对策

通过前文第3章系统分析可知，金融机构和政府部门是激励运营商努力的主要主体，因此，这两者如何共同发挥各自职能，实现"共赢"，同时激励运营商提升努力是本章着重研究的内容。另外，通过前文建模、仿真分析得出，竞标阶段、融资阶段和建设运营阶段都存在运营商的努力激励问题，因此在实践活动中，建立基于两主体三阶段的激励管理对策，有利于持久提升运营商努力，提高PPP绩效。

### 6.1.1　充分搜集专业信息，降低契约不完备性

招标投标工作是项目事前质量控制的重要环节之一，其核心是选择有资质、有实力、有信誉的合作伙伴。我国目前采用传统的建设项目招标投标的思路和模式进行PPP招标投标，实践过程中遵循《中华人民共和国招标投标法》《中华人民共和国政

府采购法》，财政部《政府和社会资本合作项目政府采购管理办法》以及各地方法规的规定。

PPP招标涉及投资、建设、运营等内容，参与投标时应厘清这些内容之间复杂的关系。由前文对PPP融资的分析中可知，PPP项目实际操作相比传统项目流程更长，涉及专业领域也更多。在参与招标投标之前，运营商应充分了解项目采购人、代理机构和咨询机构三方手中掌控的项目信息；其次应通过招标文件掌握项目规模、类型、采购范围、特许期限、投标和履约保函、控制价、项目公司股权结构、进度和各项质量要求等重要信息，以便展开投标活动。

我们在深度调研时发现，无论地方政府是否出于对融资路径的依赖而选择PPP模式，政府方过于乐观的评价，再加上咨询机构对市场需求的预测，导致参与竞争磋商的企业容易产生"搭便车"行为，已然丧失了核实测算的动力，再加上众多运营企业自身不专业，不具备相关能力，对合同条款内容无法进行实际确认，势必增加了发生纠纷或者再谈判的可能性，也增加了合同履行中的不确定性。在调研中我们获悉，某省进行的3项高速公路PPP项目招标投标，若干家企业联合中标、签约，待企业进入建设环节才进行实际测算，结果发现该项目资金的预期投资回收期远超出政府授予的特许经营期限，至少40年以上才能完全收回投资成本。而无论是现有法律法规还是合同，都已无法满足该企业所要求的盈亏平衡期。正是这些前期工作的不到位，给运营商带来了巨额的亏损，而且在项目签约时就已埋下隐患，注定会影响后期运营商努力水平，导致其可能压低专用性投资或降低工程质量，进而损害公众利益。

因此，政府应重视项目需求识别、规划和可行性论证方面的信息发布，务必进行科学实地测算，以减少项目后期风险发生的概率，同时还要向私营部门提示即便通过了"两评环节"（财承能力和VFM测算），也不能主观降低招标投标阶段的努力水平，增大后期潜在风险。在进行招标投标之前的财承能力评估时，需要对项目未来市场需求进行预测，而当前我国还未成立专门的国家级PPP投资估算机构。目前测算过程中，公共部门大多会与咨询机构合作，而政府内部缺少相关专业人员。在深度访谈中，我们从专业投资机构和咨询机构得知，政府层面真正了解和熟悉PPP运作流程的较少，实际参与者不多，导致在前期测算环节上不能做到科学、精确和有效，为招标投标环节提供的项目资料里就可能存在一些测算失误，影响后期决策。

为了增强信息的透明度，政府应不断完善与运营商的沟通、协调机制。PPP项目在招标投标环节相对传统政府采购方式不具有太多优势，反而因为其较为复杂的流程设计，带来了较高的交易成本。不过，这种复杂性对于利益主体想要对招标投标环节进行重新设计来减弱机会主义或抑制合谋行为，存在非常高的难度。因此理性的选择便是在招标环节引入竞争机制。但是当面对契约不完备性较高的时候，再充分的竞争也不利于最优代理人的选取，因为参与竞标者往往会通过故意压低竞标价的类似行为进行战略性安排，当获得中标后，再和公共部门进行再谈判以抬高价格，这种做法将大大提高今后政府的实际成本，协调成本的影响远大于私人信息及市场势力。

第4章在建模时依循市场信息不对称的假设，对运营商多阶段参与PPP的最终目标函数设置为利润最大化，而没有福利最大化的约束条件，这主要是由于当前PPP开展过程的实际情况造成。第5章进行仿真分析时也发现，由于被捆绑阶段之间相互关联，公共产品或服务供给链的增长使得均衡解的求解和仿真过程复杂，相关因素间的关联性较强，竞标阶段的努力水平可以关联到后续融资甚至建设经营期的努力水平，并最终影响到运营商收益和公众福利。因此，应在竞标阶段尽量消除这种不确定因素。在招标投标过程中，政府应多提供现场考察机会和举办采购答疑会，向运营商充分阐述项目的战略性和现实性，对于公益性较强的项目应保证基本的财政补偿资金，并尽量将已经入库的优质项目推向社会，吸引更多资质优良的运营商参与招标投标。

### 6.1.2 政府应重视对运营商能力的甄别

根据世界银行和OECD的研究，PPP市场较成熟的国家都设有PPP中心作为PPP专职管理机构，有大量经济、金融、法律、财务、工程等专业的人士和外国专家为PPP中心服务。在PPP项目的推进过程中，具备较为成熟的社会资本招标投标机制或其他竞争机制。PPP作为创新型融资机制，更是管理与合作的一种机制。只有处理好各项目参与方关系，推动PPP招标投标在更加透明的环境下进行，才能保证项目阶段尽可能达到高效率。

在第4章建模时，竞标阶段和建设运营阶段的分析表明资质高的运营商其努力成本曲率$\omega$相对低，在竞标中倾向于提升努力水平，有助于提升项目设计质量，利于后续阶段的持续和良性进行。

在PPP发展早期,政府过于注重"数量",即更看重竞标价下降的程度,谁的价格最低选择谁,这样的做法机械简单,很容易滋生运营商机会主义行为,套牢政府且降低运营努力。在当下越来越透明、成熟的制度环境下,政府侧重考察投标企业的融资能力,建设、管理等综合能力。在92号文出台的背景下,又增强了对运营能力的实质性要求。因此站在政府立场,要在私人伙伴选择中强调综合资质和PPP业务能力,培育专业合作伙伴,淘汰行业落后者。推动合理中标,科学运营,抑制运营商竞标阶段的交易成本过高而导致其融资阶段、建设运营阶段的非社会理性行为。

### 6.1.3 政府应明确合同条款,给予明确的收益承诺

在前文第4章进行分析时表明,外部冲击很容易造成对运营商努力的冲击,直接影响到公众利益和项目质量。在访谈中我们也发现,双方对项目的管理还停留在现金流管理方式上,只要有现金流持续,双方就会认为项目财务安全,不会有任何财务风险出现。由于国内PPP项目大多还在执行期内,很少有进入运营期的案例,对于现金流后期管理的实际弊端还未体现出来,但从调研中了解到,现金流的成本是动态变化的,会随着外界不确定因素而变化,因此,运营商很可能遇到得不到成本和偿还义务进行支付的情况。为避免承诺升级,以融资合同为例,无论是运营商与金融机构签订两方协议,还是与政府、金融机构签订三方协议,协议中应尽量约定融资环节的所有细节,尤其对于债权人的介入权、运营商破产等极端问题带来的债务重组、政府接管等后续操作,而不仅仅规定还款方式、成本、现金流等传统管理内容。

PPP实际交易中数量最多的就是合同和协议,合同内容的界定主要是为了明晰交易边界,降低双方在投标环节因为信息不对称带来的交易成本,减少今后因为不确定性而带来的再谈判甚至是交易纠纷。竞标环节,运营商处于在前期招标投标环节可能处于相对劣势。双方应尽可能对项目运营环节的技术、质量要求书面化、具体化,对不确定性涉及的范围列出合理的解决方式,为今后实际操作中遇到的问题留下可循的依据。

## 6.2 融资阶段相应对策

### 6.2.1 加强金融机构的竞争性

在PPP项目融资中,应积极实施融资竞争,开放PPP市场,通过充分竞争吸引优质机构优质资金进行项目投资。

在前文第3章论述中可知,国外金融机构对PPP项目进行融资需要进行严格的融资竞标,很多外资银行、跨国银行的参与,提供了大量资本支持。同时,有些国家还邀请证券交易所前来组织融资招标,不仅能对参与竞标金融机构的资质有所保障,提供充分的信息,而且还保障了融资的公平和效率。最重要的是,证券交易所的参与可以为PPP项目的资产证券化和上市做好前期铺垫。

目前国内金融机构例如银行参与PPP项目的传统方式是信贷,通过对项目发放贷款或者对中标运营商发放贷款来实现。其他方式有成立联合体、投贷结合、理财或产业基金等方式。相较于金融机构整体,真正参与PPP项目的多是国有银行或政策性银行,股份制银行中能参与的不多,成功案例也少。因此,应充分增强金融机构的融资竞争性,促进金融机构对PPP融资作用的发挥。增加外资对国内PPP市场融资的关注,积极吸收国外先进经验和成熟市场方式。

### 6.2.2 充分关注股权的融资激励两面性

通过前文第4章的建模和第5章仿真分析可知,金融机构为PPP项目提供的资金量与参与融资竞标的金融机构家数没有确定的关系存在,就说明在PPP融资市场,不是单纯可由价格和数量来获得均衡的市场,而是一个和运营商博弈的市场。此外,金融机构投资PPP项目时,除了提供债权投资,若能再捆绑进行一定的股权激励,将会提升金融机构愿意供给的资金数量。因此,本研究认为可以在PPP融资中增加对银行的股权激励力度,旨在提高单个金融机构的资金供应量,尤其当前来进行融资竞标的金融机构家数较少时,股权激励更能体现出优势,更能促进项目尽早完成融资任务。

首先,银行通过股权投资的形式,可以长期有效关注所投资的项目,真正做到将事前的审核扩展到事中和事后的有效监督中,其原理如同公司治理的股权激励,通过这种形式激励银行积极努力搞好项目投资;其次,由于股权投资的性质,银行在对项目投资时,可以减少对项目融资门槛的要求,因为股权投资一方面可以降低银行搜集信息的成本,保持银行与项目之间长期合作的关系,另一方面银行所拥有项目的股权,可以视为抵押贷款中抵押物的作用,由此来覆盖银行所承担的部分风险敞口,降低银行投资选择的门槛,保障银行更安全更有效地参与公共事业的建设;再次,政府在公共项目的建设中成功引入银行参与,不仅可以将财政负担延迟,还能真正依靠市场力量下放权利,做到真正以市场为底盘,引导更多的社会资本参与公共项目的建设中,监督资金发挥绩效,以此提高政府行政职能效率。

在深度访谈时,政策性和开发性商业银行的股权偏好明显高于普通商业银行,对于有前景的优质项目,愿意进行长期投资并增加股权份额。因此,在面临银行投资PPP项目具有10%上限的监管要求时,可以先引导政策性和开发性商业银行作为牵头行进行实践,而普通商业银行可以股权投资为辅,有节奏有层次地进行融资长期化机制的建立。当然,由于前文仿真分析中运营商努力与外部的总股权融资有倒U形关系,因此也要注意现实政策中对于股权范围的合理控制,激励银行提供资金的同时,也要注意对运营商有可能产生的副作用,即可能对运营商努力产生的抑制作用。只有平衡好股权对融资双方的激励效应,才能有效提升PPP项目整体的稳健性。

此外,可以引入更多的政策性支持基金,间接降低金融机构在项目中持股的比重,减少其对运营商努力的负面影响。本书建议公共部门应设立PPP融资支持基金,加大对PPP融资模式的政策支持,撮合利益相关企业达成合作协议并通过市场化的运作履行合约。在PPP项目实际运作中,政府一方作为重要的股东之一参与PPP项目,但因政府身份特殊,既是国家职能部门又是项目股东,在财政预算约束下,只能成为名义上的股东,对项目出资不足,不能分担也不能兜底项目风险。在深度访谈过程中,我们通过对政府融资平台和代理机构的调研得知,政府、金融机构和运营商在前期谈判过程中就风险兜底的博弈过程较长,呈现出将项目风险全部向外转移的做法,而金融机构和运营商这类商业主体为了获得合理收益,必须要求现金流的可持续,因此最终谈判结果往往是政府将该项目扶持为入库项目,最终由财政资金保障项目资金链的正常,这种做法既没有将项目风险合理分配,也没有实现对运营商企业的融资激励，难以撬动私人资本进入PPP项目，很难提升运营商的运营努力水平，同时金融机构对项目持股比例过高，也会导致运营商努力水平下降。

政府应在政府职能之外，通过市场化方式筹建PPP融资支持资金，加强PPP项目的行业支持，确定PPP融资支持资金的进入方式，并发挥其应有增信功能，辅助项目运营商降低融资成本，通过融资支持基金保障项目现金流，增强各方参与PPP项目的动机，如果以股权方式参与PPP项目，则应兜底相应风险。融资支持资金来源要多样化，除银行以外，还要充分整合保险、信托、证券、租赁、年金、基金等多渠道，确保支持资金方正常退出而整个资金不受影响，保障在不同阶段，相应的融资服务都能及时辅助PPP项目的进展，加强融资便利性。

### 6.2.3 提升金融机构PPP融资服务的差异化

由上文分析可知，金融机构PPP融资服务差异化越大，越有利于项目完成融资，便于提升运营商努力。

受制于《中华人民共和国商业银行法》第四十三条和《商业银行理财业务监督管理办法》第三十五条、第三十六条的规定，商业银行自营资金和理财资金对PPP项目直接股权投资存有障碍。因此商业银行可以为PPP融资提供的金融服务仅限于传统信贷融资或其他一些融资方式。在资金服务上，各大银行资金来源的相近性导致它们提供给运营商的融资服务方式较为单一，没有创新性。

因此本书建议商业银行以参与者身份提前进入项目流程，从前期筹划阶段，政府与金融机构就应展开合作，例如辅助进行竞标企业的融资能力评估，为各方利益主体提供财务咨询服务，展开综合方案提供和风险管理等服务活动，积极通过金融机构平台引入更多市场资金。这种做法在国外成熟PPP市场国家运用较为普遍，且一些大型跨国金融机构专门成立了PPP项目融资服务部门，专门负责该类项目融资和金融服务。不但为运营商企业提供资金、经验，还可以为运营商企业找到潜在的资金来源，稳定项目生命周期内正常的股权更迭和债权转让等正常的资金进出操作。

## 6.3 建设运营阶段相应对策

### 6.3.1 政府应积极推动资产证券化

PPP项目建设运营期限较长，这对运营商自身的融资能力也是一种考验。之所以目前国内多是国企参与PPP项目，主要原因就是其对抗市场风险的能力强，再加上如果是上市国企的话，其自身融资能力和持续经营期都有良好保障，这是参与PPP的一个前提条件。PPP项目涉及较多的操作流程和实施阶段，因此，除了项目落地时的初次融资之外，还面临建设运营期的再融资，此时，除了政府、项目等因素，运营商自身融资能力也决定了后续环节的顺利进行。基于此，参与PPP的企业必须能够适应市场并扩宽融资渠道，具备较强资产管理能力和现金流管理能力。

2016年12月，国家发展改革委、中国证监会联合印发了《关于推进传统基础设施领域政府和社会资本合作（PPP）项目资产证券化相关工作的通知》，鼓励PPP项目资产证券化。中国民生银行以乌鲁木齐市甘泉堡工业园区污水处理PPP项目新水源污水处理服务收费收益权为基础资产进行了资产证券化发行，在私募股权市场进行了PPP资产证券化的首单实验。通过这样的方式，有效尝试降低运营商企业的资金链压力，增强PPP项目的财务自持性。

虽然资产证券化是PPP项目未来运营期再融资的一个有力保障，但该措施的实施也离不开发达的资本市场。国外PPP项目的成功实施，大多得益于成熟资本市场的支持。对于我国而言，资产证券化及其配套机制如增信、风险分离、证券发行和二级市场建设等后续实践任重道远。

### 6.3.2 应逐渐加强边际成本削减能力考核

目前参与PPP大多以施工单位、建筑单位为主，随着项目今后进入运营期，更需要具备相应的项目管理和资产运营能力。而国内目前普遍存在重建设轻运营、重资产轻管理的现象。运营商短视造成很多运营问题，导致项目失败，政府最终不得不回购项目。

为提升运营商边际成本削减，政府应出台多种激励措施，如适度的奖金或罚金机制，保障运营商技术创新，提高项目建设中新技术的采用；其次，在项目阶段捆绑前提下，加强对运营商自身应实现的边际成本削减的绩效考核；再次，合理配置政府支付现金流，切实加强现金流对阶段捆绑带来的正外部性传递，降低后续环节的成本，激发运营商努力水平的提升，形成良性循环。

因此，本书建议参与PPP的企业应该具有综合能力，尤其具备长期管理能力。公共部门可通过鉴定运营商的运营能力和声誉机制等方式，建立PPP运营企业名单，储备和培育有能力的运营商企业。

## 6.4 其他保障措施

### 6.4.1 政府应推出更多优质PPP项目

通过第3章建模和第4章仿真分析可知，政府行为包括承诺收益、转移支付补偿是PPP项目层面影响运营商努力的基本因素。另外在前文第4章仿真中，我们发现运营商努力水平与融资带来的时间价值效应存在正相关关系，通过较早的完工并回收项目投资，运营商可以尽快实现资金时间价值。且仿真分析时还得到结论，当项目预期利润较高时，金融机构参与家数的增加，有利于项目资金供给量的增加，便于运营商运营努力的提升。在深度访谈时，运营商投资部负责人直言，现在的项目收益一般，回收期长，较为快速回收投资的来源是施工利润。所以，运营商在融资阶段会借入大量银行信贷，尽快竣工验收实现政府对项目资产的回购，同时回收现金。

本书认为为了提升运营商努力水平，提升PPP项目利益主体的收益，政府应向社会推出更多的优质项目。这些优质项目除了有较高的收益率之外，更重要的是投资规模较小，远低于市政、交通、基础设施类项目。这样可以降低对运营商自有资金的要求，也能够降低对运营商努力的要求，一定程度上可以缓解运营商的努力成本曲率，激励运营商提高运营努力水平。

此外，可以放开对运营商投资领域的限制，尝试医院、医疗项目中引入私人资本的项目。在访谈中我们发现，运营商普遍认为这类项目风险远远低于现有项目类型，且因其公益性的存在，政府转移支付较为确定，而且这类项目更容易进入财政部PPP项目库，有利于运营商降低融资成本，提升运营努力。

## 6.4.2　不断统一、完善PPP法律法规和政策

目前国内PPP项目库存在财政部和发展改革委两个主导部门，项目存在一定范围的重叠，而这两个公共部门各自对PPP的界定和管理方式不同，导致现实中很多管理问题的出现。在深度访谈中，我们发现大多数企业提及PPP项目都说到了法律法规的缺失和政策的不连贯、不统一等问题，导致PPP极易出现管理混乱。因此本书建议国家有关部门在不断完善和统一PPP内涵，出台专门指导PPP操作的法律和指引的基础上，尽力协调各部门政策、法规的衔接，建立国家级PPP机构，消除各部委多头管理的弊端。

# 7 结论与展望

## 7.1 主要研究结论

在各国PPP的发展历程中，融资和运营商运营努力是项目层面关乎成败的关键因素。我国PPP的推广在经历近年热潮之后也进入冷静期。2017年财政部92号文的出台，意味着从国家、政府到项目公司，PPP融资的规范性和运营商运营能力的提升等问题逐步受到重视。因此，本书基于当前PPP发展的焦点问题和预调研及访谈信息，对国内外代表性国家和市场进行PPP融资相关统计分析和特征分析，提取对运营商努力产生激励影响的重要潜在因素；再从PPP融资与运营商运营努力的角度切入，通过分析运营商竞标阶段、融资阶段和建设运营阶段的决策过程进而深入剖析运营商从外部市场进行融资时对其努力产生的激励影响，同时分析PPP融资内在的激励机制，从系统视角构建激励路径并分析其激励相容性；其次，根据PPP项目案例及仿真数据进行数值模拟分析，最后针对结论提出管理对策。本书进行的主要工作如下：

（1）本书通过文献和理论综述对PPP融资、运营商、运营商努力进行了界定，归纳分析了有关研究成果，从理论上提出PPP融资模式下运营商努力的激励传导机制研究存在的不足。通过对世界范围和典型国家PPP发展特征进行研究后发现，除了PPP项目的部门分布和机构、制度等方面特征外，市场环境、外部融资市场、金融机构、政府承诺、项目设计质量等对运营商影响较大，而外部融资市场的发展和变化则成为PPP发展趋势形成和PPP成败的首要影响环节。

（2）通过系统分析，分析了外部融资市场冲击对运营商社会理性选择的影响，得出当外部融资市场资金价格上升后，会减弱政府激励性措施效应，导致运营商降低公益性目标的努力水平，使得私人部门承担PPP项目并提供公共产品和服务的外部性不足，无法满足公众的公益性要求。运营商在项目生命周期内倾向于以自身效用最大化作为目标。同时，分析了PPP融资内在激励机制及其传导路径。综合分析并系统构建了PPP融资与运营商努力的激励机制理论框架。

（3）基于系统视角，将PPP项目生命周期划分为竞标、融资和建设运营三个主要阶段，进而将运营商运营努力划分为具体的阶段性努力，确立各个阶段运营商的目标函数，构建三阶段博弈模型。分析了政府对PPP项目的收益承诺、转移支付等带来的阶段性影响；将竞标阶段运营商的努力带来的正外部性纳入建设运营阶段进行了考量，剖析了金融机构和运营商之间融资决策对运营商建设运营阶段的利润进而对努力水平的间接影响。综合分析后求解出各阶段最优努力水平和最大利润，并提出了7项推论。

（4）结合案例数据，设计仿真流程，通过蒙特卡洛模拟和数值模拟对模型推导中的相关结论进行仿真分析，定量分析相关变量间关系和敏感性程度。

（5）针对分析过程和结论，分别从生命周期和不同主体角度提出了相应的管理对策和改进措施，为竞标阶段、融资阶段、建设运营阶段的主要主体决策提供了借鉴和参考。

通过深入研究，本书得出的主要结论如下：

（1）各国PPP发展中，金融市场发展和政府主导对PPP成败关系重大；外部融资行为引入了外部市场冲击，导致运营商努力水平随利润变化做出调整；项目收益水平和政府提供的收益承诺、转移支付等条件也会影响运营商利润进而影响运营商努力水平。

（2）运营商在竞标阶段的努力水平除竞标环境和自身特点外，政府公开承诺的建设运营期基本收益越高，越有利于运营商竞标阶段努力水平的提升。反之，则下降。运营商的运营努力$e_k^1$随政府转移支付补偿比例$\beta$增加而增大，且运营商选择努力水平时除了和项目本身质量有关，还和政府行为有着较为密切的关系。

（3）当融资带来的净现值倍增效应$\theta$变大，运营商选择的努力水平$e_k^1$将得到提升，若考虑外部融资引入的总股份数$\Gamma$对$\theta$与$e_k^1$的调节效应时，$\Gamma$越大，则运营商越会降低努力水平。运营商运营努力$e_k^1$会随努力成本曲率$\gamma_k$的增大而降低；进一步地，若考虑$\theta$对$e_k^1$与$\gamma_k$之间调节效应，则$\theta$越大，运营商运营努力$e_k^1$与努力成本曲率$\gamma_k$之间的负相关关系越明显。

（4）当考虑外部融资引入的股份相对数量时，运营商的运营努力$e_k^1$与外部引入的股权比例$\Gamma$之间呈倒U形关系。而且，随着融资规模所引起的项目净现值倍增效应$\theta$增强时，运营商努力和外部引入股权比例之间的倒U形关系更加明显，且拐点位置出现得也更早一些。

（5）增加参与融资的金融机构数量，并不必然提高项目融资成功，股权与债权融资捆绑关系强度$\varphi$会对上述关系产生调节效应，即股权存在一定的融资激励效应，不仅能增加单家金融机构参与的资金量,还能提升所有金融机构投入的总资金量。而股权资金对金融机构和对运营商产生的激励效果不同,对金融机构是线性激励关系,而对运营商则存在非线性激励关系。

(6)当运营商能从项目上获得较高的直接利润$\pi_k^l$时,金融机构数量增多可促进最优融资规模的扩大。同时,金融机构提供金融服务的差异化程度能有效提升金融机构提供的资金规模,金融机构的服务差异越大,提供的专业产品越多,越有利于项目运营。

## 7.2 研究局限与未来展望

虽然本研究得到了一些结论,也存在一些不足,为今后指明了深入研究的方向。

(1)本研究虽以提出管理对策为研究目标,但分析过程并未完全聚焦于现有激励政策的有效性,构建模型未考虑政策变量,虽然最后提出了管理对策,但对策研究的深度和广度有待进一步加强。未来深入研究时可以在本书模型构建的基础上设置政策变量,进一步分析新的均衡状态。

(2)本研究是PPP融资模式下运营商激励的共性问题,没有区分行业属性差异,随着国内数据库信息的充实,今后可以展开基于PPP融资异质性的相关激励研究。为不同部门PPP融资和运营商激励问题提供实践借鉴。

(3)由于本书数据搜集方面的原因,仅以单一高速公路案例进行了仿真分析,大范围样本数据的分析验证有所不足,一定程度上影响了相关研究结论的有效性和普适性。同时,由于PPP项目融资信息获取渠道的限制,第3章的分析侧重理论分析和国内外PPP融资的实际影响因素分析,并未充分展开计量分析。随着我国财政部及发展改革委PPP项目库信息的完善和充实,进入运营期项目数量的逐步增多,可以为本书的实证研究提供大量样本数据,以弥补单案例研究不足,也为今后研究构建计量模型提供可能。

(4)本书的模型构建由于考虑了PPP项目全生命周期,设置了3个主要利益相关者,因此涉及的变量较多,增加了分析过程及均衡解的复杂性,限制了对本书研究结果的解释性。因此,后续研究可以主体之间行为博弈的视角展开,提高方程的可解性。

# 参考文献

[1] 世界银行. PPI2017半年报[EB/OL]. 世界银行PPI数据库网站，2017-01.

[2] Parker Meeks. Helping clients optimize the quality of social infrastructure projects, while minimizing costs and keeping projects on schedule[EB/OL]. 美国麦肯锡公司网站，2017-06.

[3] 邱作舟. PPP项目社会风险涌现机理研究[D]. 南京：东南大学，2016.

[4] 孙韶华. 全国PPP入库项目额已达17.8万亿元[N]. 经济参考报，2017-10-30.

[5] 国家发展改革委主题青年调研PPP组. 关于推进PPP模式的调研与思考[J]. 宏观经济管理，2016（3）：69-71.

[6] 高玉娟，马梦璐. "新常态"下推行的PPP模式研究[J]. 现代商业，2015（36）：44-46.

[7] 招标采购管理编辑部. 发展PPP应关注八大问题[J]. 招标采购管理，2015（4）：8-10.

[8] Cheung E, Chan A. Risk factors of public–private partnership projects in China: Comparison between the water, power, and transportation sectors[J]. Journal of Urban Planning and Development, 2011, 137(4): 409-415.

[9] Cruz C O, Marques R C. Contribution to the study of PPP arrangements in airport development，management and operation[J].Transport Policy, 2011, 18(2): 392–400.

[10] Gurgun A P, Touran A. Public–private partnership experience in the international arena: Case of Turkey[J]. Journal of Management in Engineering, 2014, 30(6): 04014029.

[11] Liu T, Chan A, Wang S. PPP framework for public rental housing projects in China[J]. International conference on construction and real estate management，2014: 573-581.

[12] Liu J, Love P, Carey B, et al. Ex-ante evaluation of public–private partnerships: Macroeconomic analysis[J]. Journal of Infrastructure Systems, 2014, 21(2): 04014038.

[13] Tang L, Shen Q, Skitmore M, et al. Ranked critical factors in PPP briefings[J]. Journal

of Management in Engineering, 29(2): 164-171.

[14] Zhang X Q. Critical success factors for public–private partnerships in infrastructure development[J]. Journal of Construction Engineering Management, 2005，131(1): 3-14.

[15] Zhang X Q. Paving the way for public–private partnerships in Infrastructure development[J].Journal of Construction Engineering Management, 2005, 131(1): 71-80.

[16] Chan A P C, Lam P T I, Chan D W M, et al. Potential obstacles to successful implementation of public–private partnerships in Beijing and HongKong special administrative region[J]. Journal of Management in Engineering, 2010, 26(1): 30-40.

[17] Soomro M, Zhang X Q. Evaluation of the functions of public sector partners in transportation public–private partnerships failures[J]. Journal of Management in Engineering, 2015, 32(1): 04015027.

[18] Zhang X Q. Concessionaire selection: Methods and criteria[J]. Journal of Construction Engineering Management, 2004, 130(2): 235-244.

[19] Zhang X Q. Criteria for selecting the private-sector partner in public–private partnerships[J]. Journal of Construction Engineering Management, 2005, 131(6): 631-644.

[20] Xu Y, Chan A P C, Yeung J. Developing a fuzzy risk allocation model for PPP projects in China[J]. Journal of Construction Engineering Management, 2010, 136(8): 894-903.

[21] Sharma D, Cui Q. Design of concession and annual payments for availability payment Public Private Partnership(PPP)projects[C]. In Proceedings of construction research congress 2012, West Lafayette, 22-23.

[22] Kirwan R M. Finance for Urban Public Infrastructure[J]. Urban Studies, 1989(6): 79-83.

[23] Coates D. Public Sector Crowding Out of Private Provision Public Goods, The Influence of Difference in Production Costs[J]. Public Finance R eview, 1998(6): 71-73.

[24] 普鲁霍梅. 中国城市化战略的模式和前景[J]. 可持续的城市发展和管理, 2001，(9): 57-63.

[25] Schaufelberger J E, Wipadapisut I. Alternate Financing Strategies for Build-Operate-Transfer Projects[J]. Journal of Construction Engineering and Management, 2003, 129(2): 205-213.

[26] Bahl R W, Bird R M. Tax Policy in Developing Countries: Looking Back and Forward[R]. Tronto: Institute for International Business, Rotman School of Management, University of Toronto, 2008, 5.

[27] 亓霞，王守清，等．对外PPP项目融资渠道比较研究[J]．项目管理技术，2009，7（6）：26-32.

[28] 王守清，等．城市轨道交通融资模式要素：从理论到实践[J]．城市发展研究，2015，22（5）：85-90.

[29] 刘婷，王守清，盛和太，等．PPP项目资本结构选择的国际经验研究[J]．2014，35（11）：11-14.

[30] 胡一石，王守清，等．PPP项目公司资本结构的影响因素分析[J]．工程管理学报，2015，29（2）：102-106.

[31] 亓霞，王守清，等．基于案例的中国PPP项目的主要风险因素分析[J]．中国软科学，2009（5）：107-113.

[32] 伍迪，王守清，等，PPP项目决策分解结构研究[J]．项目管理技术，2015，13（1）：20-24.

[33] 刘薇．PPP模式理论阐释及其现实例证[J]．改革，2015（1）：78-89.

[34] 赵全新．我国PPP模式下的公共产品定价问题研究[J]．发展改革理论与实践，2017（3）：49-54.

[35] 王秀芹．公私伙伴关系模式在滨海新区基础设施建设中的应用[J]．天津大学学报（社会科学版），2007（11）：486-490.

[36] 王秀芹，梁学光，毛伟才．公私伙伴关系PPP模式成功的关键因素分析[J]．国际经济合作，2007（12）：59-62.

[37] 陈通，杜泽超，姚德利．基于PPP视角的公共项目风险因素重要性调查分析[J]．山东社会科学，2011（11）：127-130.

[38] 葛勇，严春风，谢绍云．PPP模式下公共项目建设的对策建议，重庆建筑，

2015, 14 (8): 33-35.

[39] 孙昊, 韩东平. 论地铁融资中的公私合营模式[J]. 学术交流, 2011, 208 (7): 108-111.

[40] 刘正光. 香港公路桥梁维修及保养工程合约——引用公私伙伴关系（PPP）协议的经验[J]. 科技进步与对策, 2009, 26 (21): 129-131.

[41] 邵瑞, 张建高. 准公共产品领域公私合作伙伴关系研究[J]. 合作经济与科技, 2008, 12 (24) 下: 107-108.

[42] 张喆. PPP三层次定义及契约特征[J]. 软科学, 2008, 22 (1): 5-8.

[43] 吴波. 浅谈PPP模式的发展[J]. 武汉金融, 2017 (1): 38-41.

[44] Svedik J, Tetrevova L. Finacing and Mezzanine Capital in the Context of PPP Projecets in the Czech Republic[C]. Recent Researches in Business and Economics, 2012: 113-117.

[45] 蔡浩. PPP在我国面临的挑战及商业银行应对[N]. 企业家日报, 2015-9-13.

[46] Zahed S E, Shahandashti S M, Najafi M. FinancingUnderground Freight Transportation Systems in Texas: Identification of Funding Sources and Assessment of Enabling Legislation[J]. Journal of Pipeline Systems Engineering and Practice, 2018, 9(2): 06018001.

[47] 林华, 罗桂连, 张志军, 等. PPP与资产证券化[M]. 北京: 中信出版集团, 2016.

[48] 孙燕芳, 王晓月, 肖茗徽, 等. PPP项目应用资产证券化融资的问题与对策[J]. 管理现代化, 2017 (5): 12-14.

[49] Valerio Buscaino. Project Finance Collateralised Debt Obligations: an Empirical Analysis of Spread Determinants[J]. European Financial Management, 2012, 18(5): 950-969.

[50] 周辉芳. "一带一路"沿线国家工程承包项目融资实务浅析[J]. 财务与会计, 2016 (2): 65-66.

[51] 褚晓凌, 王守清, 刘婷. PPP-ABS产品如何定价[J]. 新理财: 政府理财, 2017 (5): 42-43.

[52] 季闯, 黄伟, 袁竞峰, 等. 基础设施PPP项目脆弱性评估方法[J]. 系统工程理

论与实践，2015（5）：613-622.

[53] 韦小泉，谢娜，程哲，等. 中国城镇化进程中基础设施投融资时空格局、影响因素及模式创新——基于PPP的视角[J]. 财政科学，2017（2）：85-97.

[54] T Maqsood, MMA Khalfan, G Aranda-Mena.Do Public Private Partnerships(PPP Projects) Provide Value For Money For Infrastructure Development in Australia?[C]. International Conference on Facilities Management, 2012.

[55] Ghavamifar K. A decision support system for project deliverymethod selection in the transit industry [M]. Michigan: Proquest, Umi Dissertation Publishing, 2009.

[56] Engel E, Fisher R, Galetovic A. Renegotiation Without Holdup: Anticipating Spending and Infrastructure Concessions [J]. Cowles Foundation Discussion Paper No. 937, 2006, 6(6):1-18.

[57] Jean-Etienne de Bettignies,Thomas W. Ross.Public–private partnerships and the privatization of financing: An incomplete contracts approach[J]. International Journal of Industrial Organization, 2009, 27(3): 358-368.

[58] Liu Tingting, Wilkinson Suzanne. Large-scale public venue development and the application of Public–Private Partnerships (PPPs)[J]. International Journal of Project Management, 2014, 32(1): 88-100.

[59] L Tang, Q Shen, E Cheng. Case studies on Public Private Partnership (PPP) construction projects in Hong Kong[C]. Proceedings of 2008 International Conference on Construction and Real Estate Management, Toronto, Canada, 2008(1): 6-9.

[60] 邓雄. PPP模式如何吸引外部资金的思考[J]. 新金融，2015（7）：43-47.

[61] Nguyen, Duc A, Garvin, et al. Risk Allocation in US Public-Private-Partnership Highway Project Contracts[J]. Journal of Construction Engineering and Management, 2018, 144(5): 04018017.

[62] 姚东旻，李军林. 条件满足下的效率差异：PPP 模式与传统模式比较[J]. 改革，2015（2）：34-42.

[63] 李素英，杨娱. PPP模式下基础设施项目融资风险研究——以RC县市政基础设施建设为例[J]. 经济研究参考，2016（33）：15-19.

[64] 沈梦溪. 国家风险、多边金融机构支持与PPP项目融资的资本结构——基于"一带一路"PPP项目数据的实证分析[J]. 经济与管理研究, 2016, 37（11）: 3-10.

[65] 章芳宁, 尹中华. PPP的法律内涵[J]. 项目管理技术, 2017, 15（6）: 18-23.

[66] 侯燕. "一带一路"战略下地方基础设施建设与财政困境[J]. 地方财政研究, 2017（3）: 100-106.

[67] 时秀梅, 孙梁. "一带一路"中私人部门参与PPP项目的影响因素研究[J]. 财经问题研究, 2017（5）: 12-17.

[68] 王秀芹, 谢中仁. PPP项目私人部门再融资决策的影响因素[J]. 国际经济合作, 2017（11）: 57-62.

[69] D Daube, S Vollrath, HW Alfen. A comparison of Project Finance and the Forfeiting Model as financing forms for PPP projects in Germany[J]. International Journal of Project Management, 2008, 26(4): 376-387.

[70] Li B, Akintoye A, Edwards PJ, et al. The allocation of risk in PPP / PFI construction projects in the UK [J]. International Journal of Project Management, 2005, 23(1): 25-35.

[71] Lee CH, Yu YH. Service delivery comparisons on household connections in Taiwan's sewer public-private-partnership (PPP) projects [J]. International Journal of Project Management, 2011, 29(8) : 1033-1043.

[72] Auriol E, Picard PM. A Theory of BOT Concession Contracts [J]. Economic Behavior and Organization, 2011, 89(2):187-209.

[73] Iossa E, Martimort D. Risk Allocation and the Costs and Benefits of Public-Private Partnerships [J]. The Rand Journal of Economics, 2012, 43: 442-474.

[74] 杨雪琴, 刘敏. PPP项目融资风险的影响因素及对策[J]. 商业时代, 2016（18）: 172-173.

[75] 王雪青, 喻刚, 邴兴国. PPP项目融资模式风险分担研究[J]. 软科学, 2007, 21（6）: 39-42.

[76] 刘宏, 孙浩. 基于模糊网络分析的PPP项目社会资本选择[J]. 财会月刊, 2016（32）: 50-54.

[77] 中国农业银行信用审批部课题组. PPP模式贷款的主要风险及优化信用审查工作

的思考[J]. 农村金融研究, 2015（10）: 54-58.

[78] 徐建平, 等. PPP模式中商业银行面临的风险及应对策略[J]. 金融与经济, 2017（12）: 84-87.

[79] 吉富星. PPP市场面临的挑战[J]. 中国金融, 2017（8）: 54-55.

[80] 张禄, 等. PPP项目政府担保对项目效率影响研究[J]. 中国管理科学, 2017, 25（8）: 89-102.

[81] 周立, 等. 产业基金、委托代理与资本逐利——基于"PPP+B"模式风险监管的视角[J]. 金融与经济, 2017（6）: 92-96.

[82] 张霁阳, 蔡庆丰, 郜晓雯. "新常态"下银行资金参与PPP的风险防控——基于地方政府财政承受能力的评估[J]. 上海金融, 2017（12）: 42-47.

[83] 陈柳钦. PPP: 新型公私合作融资模式[J]. 中国投资, 2005（3）: 76-80.

[84] 张婷婷, 徐丽群. PPP项目融资的资本结构及补偿模式研究[J]. 现代管理科学, 2016（2）: 75-77.

[85] D Daube, S Vollrath, HW Alfen. A comparison of Project Finance and the Forfeiting Model as financing forms for PPP projects in Germany[J]. International Journal of Project Management, 2008, 26(4): 376-387.

[86] 江春霞, 周国光. PPP项目股权结构模型构建与应用研究[J]. 价格理论与实践, 2016（4）: 140-143.

[87] Cruz N F, Marques R C. Delivering local infrastructure through PPPs: Evidence from the school sector. Journal of Construction and Engineering Management (ASCE)[J]. 2012, 138(10):1433-1443.

[88] Song J B, Song D R, Zhang X Q, et al. Risk identification for PPP waste-to-energy incineration projects in China[J]. Energy Policy. 2013 (61): 953-962.

[89] Yuan J F, Guang M, Wang X X, et al. Quantitative SWOT analysis of public housing delivery by public–private partnerships in China based on the perspective of the public sector[J]. Journal of Management in Engineering (ASCE). 2012,28(4): 407-420.

[90] Jodie Thorpe.Procedural Justice in Value Chains Through Public–private Partnerships[J].World Development, 2018, 103(3): 162-175.

[91] Lopes Hugo,Mateus Ceu,Hernandez-Quevedo Cristina.Ten Years after the Creation of the Portuguese National Network for Long-Term Care in 2006: Achievements and Challenges[J]. Health policy (Amsterdam, Netherlands), 2018, 122(3): 210-216.

[92] 李秀辉，张世英. PPP与城市公共基础设施建设[J]. 城市规划，2002（7）：74-76.

[93] 王灏. PPP的定义和分类研究[J]. 都市快轨交通，2004（5）：23-27.

[94] 李明，金宇澄. BOT与TOT相结合融资模式的应用[J]. 国际经济合作，2006(11)：41-44.

[95] 程哲，王守清. 非营利性医院PPP项目融资的框架结构设计[J]. 中国卫生事业管理，2011，28（7）：557-559.

[96] 姚公安. "一带一路"沿线欠发达地区基础设施融资模式：项目融资视角[J]. 现代管理科学，2017（3）：66-68.

[97] 宗建岳. PPP模式下土地储备融资的变革与创新[J]. 中国土地，2015（6）：24-25.

[98] 熊燕斌，刘震华. PPP模式在中部地区基础设施建设融资中的创新应用[J]. 价格月刊，2007（9）：28-29.

[99] Khair, Khalid, Mohamed, et.al.A Management Framework to Reduce Delays in Road Construction Projects in Sudan[J]. ArabianJournal For Science And Engineering, 2018,43(4): 1925-1940.

[100] 李钟文，张英杰. PPP项目融资的信用评级[J]. 中国金融，2015（15）：28-30.

[101] 李妍，马英杰，马丽斌. 城镇化背景下基础设施的PPP融资模式研究——基于模糊实物期权法的项目评价[J]. 财会通讯，2016（11）：9-12.

[102] 陈世金，刘浩. PPP模式决策的影响因素分析——基于发展中国家的经验[J]. 统计与信息论坛，2016，31（5）：70-76.

[103] 赵世强，宁勇，张宏. 高速公路PPP项目最优资本结构融资方案决策及应用[J]. 会计之友，2017（7）：47-51.

[104] 张惠. "PPP+B"参与主体的博弈分析与商业银行的对策[J]. 南方金融，2015（7）：13-21.

[105] 郑秀田，许永斌. 考虑声誉的企业投资决策模型研究[J]. 软科学战略与决策 2014，28（6）：46-49.

[106] 丁川，陈璐. 考虑风险企业家有公平偏好的风险投资激励机制——基于显性努力和隐性努力的视角[J].管理科学学报，2016，19（4）：104-117.

[107] 王小龙. 退耕还林：私人承包与政府规制[J]. 经济研究，2004,（10）：107-116.

[108] 梯若尔. 产业组织理论[M]. 北京：中国人民大学出版社，1997：166-200.

[109] Kamat R, Open S S. Rational buyer meets rational seller: Reserves market equilibria under alternative auction designs[J]. Journal of Regulatory Economics, 2002, 21(3): 247-288.

[110] Laffont J J. Regulatory, moral hazard and insurance of environment risk[J]. Journal of Public Economics, 1995, 58(3): 319-336.

[111] Laffont J J. Pollution permits and compliance strategies[J]. Journal of Public Economics, 1996, 62(1/2): 85-125 .

[112] Holmstrom B. Managerial incentive problems: A dynamic perspective[J]. Review of Economic Studies, 1999, 66(226): 169-182.

[113] Grossman S, Hart O. An analysis of the principle-agent problem[J]. Econometrica，1983, 51(1): 7-45.

[114] Freshtman C, Judd K L.Equilibrium incentives in oligopoly[J]. American Economic Review, 1987, 77(5): 927-940.

[115] Miller N H, Pazgal A I. The equivalence of price and quantity competition with delegation[J]. Rand Journal of Economics, 2001, 32(2): 284-301.

[116] Lal R. Delegating pricing responsibility to the sales force[J]. Marketing Science, 1986, 5(2): 159-168.

[117] Bhardwaj P. Delegating pricing decisions[J]. Marketing Science, 2001, 20(2): 143-169.

[118] Joseph K. On the optimality of delegating pricing authority to the sales force[J]. Journal of Marketing, 2001, 65(1): 62-70.

[119] 倪得兵，唐小我. 代理人努力决策柔性的分成制委托代理模型[J]. 管理科学学报，2005（3）：15-23.

[120] 浦徐进，朱秋鹰，曹文彬. 公平偏好、供应商主导和双边努力行为分析[J]. 预测，2014（1）：56-60.

[121] 穆慧萍，郜红虎，曹飞. 基于Shapley值修正的绿色供应链系统利益分配策略研究[J]. 物流技术，2014，33（1）：280-282.

[122] 王先甲，张柳波. 基于改进线性分成契约的逆向供应链协调机制[J]. 系统工程理论与实践，2014，34（3）：701-709.

[123] 秦旋，林艳. 考虑风险溢价的招标代理机构两种报酬方案的模拟[J]. 系统管理学报，2014，23（4）：507-513.

[124] 孟庆峰，盛昭瀚，陈敬贤，等. 考虑行为外部性的多零售商销售努力激励[J]. 管理科学学报，2014（12）：1-14.

[125] 王学武，等. 不对称信息下制造商契约设计[J]. 系统科学与数学，2015（8）：958-964.

[126] 陈其安，刘艾萍，李红强. 存在主次委托人条件下的委托–代理问题：理论模型和实验研究[J]. 中国管理科学，2015，23（4）：139-147.

[127] 刘向东，黄雨婷. 非对称渠道力量下的双边道德风险问题[J]. 中国流通经济，2015（7）：10-16.

[128] 唐志英，周德苏，包晓英. 分包商过度自信及客户监督的物流服务创新机制[J]. 中国公路学报，2015，28（5）：130-136.

[129] 陈其安. 股权激励、市场有效性与上市公司委托–代理关系[J]. 社会科学家，3（3）：15-21.

[130] 魏光兴，彭京玲，蒲勇健. 互惠偏好下基于不同博弈时序的团队激励与效率比较[J]. 重庆大学学报（社会科学版），2015，21（4）：65-72.

[131] 梁昌勇，叶春森. 基于努力和赔偿成本分摊机制的云服务供应链协调[J]. 中国管理科学，2015，23（5）：82-88.

[132] 查博，郭菊娥. 基于投资方中途退出博弈的风险投资合约[J]. 系统管理学报，2015，24（3）：342-354.

[133] 罗琰，刘晓星. 基于双边过度自信及风险厌恶的委托-代理问题研究[J]. 数学的实践与认识，2016，46（5）：45-51.

[134] 邱聿旻，程书萍. 基于政府多重功能分析的重大工程"激励–监管"治理模型[J]. 系统管理学报，2018，27（1）：129-136.

[135] 周原. 工程项目委托审计最优激励契约研究——基于委托代理模型的分析[J]. 武汉理工大学学报（社会科学版），2014，27（5）：830-833.

[136] Hart O, Shleifer A, Vishny R W. The proper scope of government：theory and an application to prisons [J]. Quarterly Journalof Economics, 1997, 112( 4): 1127-1161.

[137] Besley T, Ghatak M. Government versus private ownership of public goods [J]. Quarterly Journal of Economics, 2001, 116(4): 1343-1372.

[138] Francesconi M, Muthoo A. Control rights in public-private partnerships[R]. IZA Discussion Paper No. 2143, 2006(5): 1-35.

[139] 张喆，贾明，万迪昉. PPP背景下控制权配置及其合作效率影响的模型研究[J]. 管理工程学报，2009，23（3）：23-29.

[140] 赵立力，卜祥智，黄庆. BOT项目运营外包时的各参与方决策分析[J]. 数学的实践与认识，2008，38（2）：5-10.

[141] 赵立力，谭德庆. 基于社会效益的BOT项目特许权期决策分析[J]. 管理工程学报，2009，23（2）：125-129.

[142] 左廷亮，赵立力. 两种股东结构下BOT项目收益的比较[J]. 预测，2007，26（6）：76-80.

[143] 郑华伟，刘友兆. 农村土地整治项目委托代理关系的经济学分析[J]. 南京农业大学学报（社会科学版），2014，14（3）：44-51.

[144] 冯卓，张水波，高颖. BOT道路项目特许期结构比较研究[J]. 系统工程学报，2016，31（4）：451-459.

[145] 王欢明，吴光东，诸大建. 公交服务治理模式的效益比较研究[J]. 运筹与管理，2014，23（6）：244-251.

[146] 游达明，黄睿妮. PPP模式中公私双方努力水平与收益分配均衡决策研究[J]. 2016（3）：66-72.

[147] 付金存. 城市公用事业公私合作中的收益分配——契约安排与博弈分析[J]. 学习与实践，2016（1）：14-22.

[148] 鲁芳，王丹丹，罗定提. 关系契约下服务外包专用性资产投资激励机制设计[J]. 系统工程，2016，34（10）：84-90.

[149] 袁军，张云宁，翁清，等. 基于TOPSIS的联合体总承包项目利益分配[J]. 土木工程与管理学报，2016，33（2）：95-99.

[150] 方梦琦，孙文. 项目管理服务模式下的业主效用最大化[J]. 土木工程与管理学报，2016，33（4）：116-121.

[151] 陈勇强，傅永程，华冬冬. 基于多任务委托代理的业主与承包商激励模型[J]. 管理科学学报，2016，19（4）：45-55.

[152] 李强，罗也骁，倪志华. 基于委托代理理论的工程变更监督机制模型[J]. 深圳大学学报理工版，2016，33（3）：301-308.

[153] 王卓甫，侯嫚嫚，丁继勇. 公益性PPP项目特许期与政府补贴机制设计[J]. 科技管理研究，2017（18）：194-201.

[154] 刘继才，刘珈琪. 基于"运营商—投资者"的PPP项目双角色主体投资收益模型[J]. 工业工程，2017，20（6）：1-8.

[155] 丰景春，杨圣涛. 基于公平偏好理论的PPP交通项目超额收益分配研究[J]. 软科学，2017，31（10）：120-124，144.

[156] 钟美瑞，刘晴，黄健柏. 基于互惠动机公平均衡的投资项目决策模型及数值模拟分析[J]. 运筹与管理，2017，26（12）：31-39.

[157] 李宗活，刘枚莲. 基于效用理论的PPP项目融资风险分担比例模型研究[J]. 系统科学学报，2018，26（1）：111-114.

[158] 石磊，邢畅，戴大双. 建设工程合同双边道德风险问题研究[J]. 工程管理学报，2017，31（1）：123-128.

[159] 张洪波，侯嫚嫚. 考虑风险偏好与公平关切的设计施工总承包联合体优化收益分配[J]. 土木工程与管理学报，2017，34（6）：102-108.

[160] 马力，杨杰. 污水处理PPP项目运营期私人投资者道德风险演化分析[J]. 项目管理技术，2017，15（10）：11-15.

[161] 尹贻林，王垚. 合同柔性与项目管理绩效改善实证研究：信任的影响[J]. 管理评论，2015，27（9）：151-162.

[162] 尹贻林，董宇，王垚. 工程项目信任对风险分担的影响研究：基于扎根理论的半结构性访谈分析[J]. 土木工程学报，2015，48（9）：117-128.

[163] 尹贻林，徐志超，邱艳. 公共项目中承包商机会主义行为应对的演化博弈研究[J]. 土木工程学报，2014，47（6）：138-144.

[164] 陈菁，李建发. 财政分权、晋升激励与地方政府债务融资行为——基于城投债视角的省级面板经验证据[J]. 会计研究，2015（1）：61-67，97.

[165] 胡艳，马连福. 创业板高管激励契约组合、融资约束与创新投入[J]. 山西财经大学学报，2015，37（8）：78-90.

[166] 桂小琴，王望珍，章帅龙. 地下综合管廊建设融资的激励机制设计[J]. 地下空间与工程学，2011，7（4）：633-636.

[167] 白少布，刘洪. 供应链融资运作中的委托代理激励机制研究[J]. 软科学，2011，25（2）：40-46.

[168] P Brockman, X Martin, A Puckett. Voluntary disclosures and the exercise of CEO stock options[J]. Journal of Corporate Finance, 2010, 16(1): 120-136.

[169] Bebchuk, et al. Lucky CEOs and Lucky Directors[EB/OL]. Journal of Finance, Harvard Law and Economics Discussion Paper No.566, 2010.

[170] 唐祥来. 公司伙伴关系（PPP）之创新型投资激励效应研究[J]. 山东经济，2011，11（6）：109-113.

[171] 潘敏. 融资方式选择与企业经营管理者的努力激励[J]. 中国软科学，2003（3）：75-79.

[172] Oliver Hart. Incomplete Contracts and Public Ownership: Remarks，and An Application to Public-Private Partnerships[J]. Economic Journal,2003,(113): 69-76.

[173] Sock-Yong Phang.Urban rail transit PPPs: Survey and risk assessment of recent strategies[J].Transport Policy, 2007, (14): 214-231.

[174] David Martimort, Jerome Pouyet. To build or not to build: Normative and positive theories of public–private partnerships[J]. International Journal of Industrial Organization, 2008(26): 393-411.

[175] David Hall, Robin de la Motte, Steve Davis.Terminology of Public-Private Partnerships[C]. Public Services International Research Unit (PSIRU) paper, 2003.

[176] 李红娟. 财政支持PPP模式动因与路径探析[J]. 地方财政研究，2014（9）：13-17.

[177] 和军, 戴锦. 公私合作伙伴关系（PPP）研究的新进展[J]. 福建论坛（人文社会科学版）, 2015（5）: 44-51.

[178] Osborne S P. Public-private Partnerships; Theory and Practice in International Perspective[C]. London: Routledge, 2000.

[179] Ghobadian A, Gallear D, O'Regan, et al. Public-Private Partnerships: Policy and Experience[C]. Houndmills, UK: Palgrave Macmillan.

[180] Bult-Spiering M, Dewulf G. Strategic Issues in Public-private Partnerships: An International Perspective[C]. New York: John Wiley & Sons.

[181] E.S.Saves. 民营化与公私部门的伙伴关系[M]. 北京: 中国人民大学出版社, 2002: 104-107.

[182] 严素勤, 周成武, 陈建平, 等. 公私合作伙伴关系的模式、范围及实施原则[J]. 中国卫生经济, 2006, 25（4）: 57-58.

[183] LK Tynkkynen, J LehtoAn, Analysis of Ophthalmology Services in Finland - has the time come for a Public-Private Partnership?[J]. Health Research Policy & Systems, 2009, 7(1): 24.

[184] 孟艳. 公私合作伙伴关系的全球发展趋势及政策启示[J]. 理论学刊, 2013（5）: 51-54.

[185] Peirson G, McBride P. Public/Private Sector Infrastructure Arrangements[C]. CPA Communique, 1996 (73): 1-4.

[186] 肖海翔. "公私部门伙伴关系"模式: 新农村基础设施供给的新选择[J]. 财经理论与实践（双月刊）, 2007（3）: 19-39.

[187] 李丹阳. 当代全球行政改革视野中的公私伙伴关系[J]. 社会科学战线, 2008（6）: 202-206.

[188] Nicholas Awortwi. Getting the FundamentalsWrong: Woes of Public-Private Partnerships in SolidWaste Collection in Three Ghanaian Cities[J]. Public Administration & Development, 2004, 24(3).

[189] 郭峰, 蔡艺卿, 王飞球. 公共文化建设项目应用公私伙伴关系模式的探讨[J]. 中国工程科学, 2013, 11: 108-112.

[190] 乐云，等. 重大基础设施类PPP项目利益相关方关系网络研究——以郑州轨道交通3号线项目为例[J]. 华东经济管理，2016，30（6）：1-5.

[191] 刘志. PPP模式在公共服务领域中的应用和分析[J]. 建筑经济，2005，26（7）：13-18.

[192] 严晓健. 公私合作伙伴关系（PPP）的应用及审计重点探讨[J]. 审计研究，2014（5）：45-51.

[193] 付大学，林芳竹. 论公私合作伙伴关系（PPP）中"私"的范围[J]. 江淮论坛，2015（5）：109-113.

[194] 邓小鹏，袁竞峰，李启明. 保障性住房PPP项目的价值流分析[J]. 建筑经济，2012（12）：35-39.

[195] 高若兰. PPP项目成功标准研究[J]. 管理现代化，2018（2）：96-100.

[196] 杨扬. 公私合作制（PPP）项目的动态利益分配研究[D]. 大连：大连理工大学，2013.

[197] 娄燕妮，孙洁，李秀婷，等. 基于SNA的交通领域PPP项目利益相关者风险传染研究——以刺桐大桥为例[J]. 财政研究，2018（2）：52-63+120.

[198] 许聪，丁小明. 基于SNA的PPP项目利益相关者网络角色动态性分析[J]. 项目管理技术，2014（9）：24-29.

[199] 乔普·科彭扬，马丁·德容. 荷兰公私合作伙伴关系（PPP）的发展[J]. 公共行政评论，2016，9（2）：25-43.

[200] 赖丹馨，费方域. 公私合作制（PPP）的效率：一个综述[J]. 经济学家，2010（7）：97-104.

[201] 刘立峰. PPP的作用、问题及风险防范[J]. 宏观经济管理，2015（5）：60-62.

[202] 李勇，梁琳. PPP模式、政府投资效率与金融集聚区建设研究[J]. 理论与改革，2015（4）：85-88.

[203] 沈梦溪. 国际基础设施PPP项目失败原因探析[J]. 国际经济合作，2016（10）：66-70.

[204] Price D, Pollock AM, Player S.Public risk for private gain? The public audit implications of risk transfer and private finance[R]. London, 2004.

[205] 邵源. 国外有关构建农村公共产品供给机制的理论依据与实践经验综述[J]. 财经动态资料, 2006（9）: 13-25.

[206] P Lund-Thomsen. Assessing the Impact of Public–Private Partnerships in the Global South: The Case of the Kasur Tanneries Pollution Control Project[J]. Journal of Business Ethics, 2009, 90(1): 57-78.

[207] JW Brown, R Pieplow, et al. Public-Private-Partnerships for Highway Infrastructure: Capitalizing on Internaional Experience[J]. Public Private Partnerships, 2009.

[208] 吴槐庆, 赵全新. 政府与社会资本合作（PPP）模式下公共产品服务定价机制研究[J]. 价格理论与实践, 2016（11）: 52-57.

[209] 李以所. 公私合作伙伴关系（PPP）的经济性研究——基于德国经验的分析[J]. 兰州学刊, 2012（6）: 146-154.

[210] 温来成, 刘洪芳, 彭羽. 政府与社会资本合作（PPP）财政风险监管问题研究[J]. 中央财经大学学报, 2015（12）: 3-8.

[211] 李旭琴. 公私合作伙伴关系（PPP）的正面效应及瓶颈突破路径——基于地方治理理论的视角[J]. 经济研究参考, 2016（41）: 16-19.

[212] 张勇, PPP模式与地方政府债务治理[J]. 价格理论与实践, 2015, 36（12）: 136-138.

[213] 蔡丽婷. 完善PPP公共项目价格机制的路径探讨——以福建PPP公共项目分析为例[J]. 价格理论与实践, 2016（4）: 137-139.

[214] 孙洁. PPP项目的绩效评价研究[M]. 北京: 经济科学出版社, 2010: 6-7.

[215] 英国PPP模式考察团. PPP模式发祥地考察报告[J]. 投资北京, 2006（3）: 16-20.

[216] 张勇, 郝寿义. 应用PPP融资模式促进城市基础建设发展[J]. 生产力研究, 2004（11）: 56-58.

[217] E Engel, R Fischer, A Galetovic. The economic or infrastructure finance: Public-Private Partnership versus public provision[J]. Eib Papers, 2010, 15(1): 40-69.

[218] Elisabetta Iossa, David Martimort. Risk Allocation and the Costs and Benefits of Public-Private Partnerships[J]. RAND Journal Of Economics, 2012, (3): 442-474.

[219] Jane Broadbent, Jas Gill, Richard Laughlin. Identifying and controlling risk: The

problem of uncertainty in the private finance initiative in the UK's National Health Service[J]. Critical Perspectives on Accounting, 2008, (19): 40-78.

[220] Grimsey D, Lewis M K. The Governance of Contractual Relationships in Public-Private Partnerships[J]. Journal of Corporate Citizenship, 2004(15): 91-109.

[221] G Hodge, C Greve, Boardman. International Handbook of PPP[M]. Anthony Boardman, 2010.

[222] 叶晓甦, 周春燕. PPP项目动态集成化风险管理模式构建研究[J]. 科技管理研究, 2010, 30（3）: 129-132.

[223] Drazin R, Kazanjian R K. A Renalysis of Miller and Friesen's Life Cycle Data[J]. Strategic Management Journal, 1990, 11(4): 319-325.

[224] 胡华如. 公私合营项目后评价体系研究[C]. 公共事业、基础设施项目特许经营国际会议论文集. 大连：大连理工大学出版社, 2007.

[225] 詹卉. 基础设施生命周期理论与投融资PPP模式研究[J]. 地方财政研究, 2014（1）: 63-67.

[226] 赵辉, 董骅, 屈微璐. PPP项目风险动态评价体系, 财会月刊, 2017（27）: 65-71.

[227] Saade C, Bateman M, Bendahmane D B. The story of a successful public-private partnership in Central America: handwashing for diarrheal disease prevention[R]. US, 2001.

[228] Kerzner H. Project Management: A Systems Approach to Planning. Scheduling and Controlling[M]. New York: Wiley, 2001.

[229] Jean-Etienne de Bettignies and Thomas W. Ross, The Economics of Public-Private Partnerships, Canadian Public Policy[J]. Analyse de Politiques, 2004, 30 (2): 135-154.

[230] 尹贻林, 张传栋. 大型建设项目集成风险管理的实现模式探讨[J]. 建筑经济, 2006（3）: 37-40.

[231] 季闯, 袁竞峰, 李启明. 基础设施PPP项目实物期权界定与分析[J]. 工程管理学报, 2011（4）: 393-398.

[232] 郑传斌, 丰景春, 鹿倩倩, 等. 全生命周期视角下关系治理与契约治理导向匹配关系的实证研究——以PPP项目为例[J]. 管理评论, 2017（12）: 258-268.

[233] 郭建华. 我国政府与社会资本合作模式（PPP）有关税收问题研究[J]. 财政研究, 2016（3）: 77-90.

[234] Pekka Pakkala. Innovative Project Delivery Methods for Infrastructure –An International Perspective[J]. Finnish Road Enterprise, Helsinki, 2002: 32.

[235] 田硕, 李春好. 基于WSR系统方法论的战略决策分析框架[J]. 社会科学战线, 2010（9）: 209-212.

[236] 范旭东, 逯宇铎. 经济系统分析理论及方法浅析[J]. 生态经济（中文版）, 2014, 30（6）: 54-58.

[237] 石莎莎, 杨明亮. 城市基础设施PPP项目内部契约治理的柔性激励机制探析[J]. 中南大学学报（社会科学版）, 2011, 17（6）: 155-160.

[238] 段世霞, 谢芳. 基于系统动力学的城市轨道交通PPP项目价格影响因素研究[J]. 工业技术经济, 2014（7）: 117-122.

[239] 郭斌, 张晶. PPP模式下准经营性项目产品定价问题研究: 模型建构与案例验证[J]. 现代财经（天津财经大学学报）, 2017（4）: 26-35.

[240] 邓小鹏, 熊伟, 袁竞峰, 等. 基于各方满意的PPP项目动态调价与补贴模型及实证研究[J]. 东南大学学报（自然科学版）, 2009（11）: 1252-1257.

[241] 冯雪东, 郑生钦, 王德芳, 等. 养老地产PPP项目特许期决策[J]. 土木工程与管理学报, 2017（6）: 131-136.

[242] 王淑英, 晋雅芳. 城市地下综合管廊PPP项目收益研究——基于系统动力学方法的分析[J]. 价格理论与实践, 2017（5）: 143-146.

[243] 刘有贵, 蒋年云. 委托代理理论述评[J]. 学术界, 2006, 24（1）: 69-78.

[244] 何亚东, 胡涛. 委托代理理论述评[J]. 山西财经大学学报, 2002, 24（3）: 62-65.

[245] 戴中亮. 委托代理理论述评[J]. 商业研究, 2004（19）: 98-100.

[246] 柯永建, 王守清, 陈炳泉. 激励私营部门参与基础设施PPP项目的措施[J]. 清华大学学报（自然科学版）, 2009（9）: 48-51.

[247] 易欣. PPP轨道交通项目多任务委托代理监管激励机制[J]. 交通运输系统工程与信息, 2016, 16（3）: 1-7.

[248] 陈通, 全志才. PPP模式中不同理性人视角下激励监督机制研究[J]. 武汉理工

大学学报（信息与管理工程版），2017，39（4）：453-458.

[249] 姜爱华，刘家豪. PPP项目实施过程中的财政激励约束机制研究[J]. 烟台大学学报（哲学社会科学版），2017，30（4）：100-107.

[250] 徐飞，宋波. 公私合作制（PPP）项目的政府动态激励与监督机制[J]. 中国管理科学，2010，18（3）：165-173.

[251] Ana Belen Alonso-Conde, Christine Brown B, Javier Rojo-Suarez. Public Private Partnerships: Incentives, risk transfer and real options[J]. Review of Financial Economics, 2007, 16(4): 335-349.

[252] 谢晟，谢小云. PPP模式下政府与银行利益激励相容机制研究——基于股权激励的思考[J]. 江西社会科学，2016（5）：66-70.

[253] 曹启龙，盛昭瀚，刘慧敏，等. 多任务目标视角下PPP项目激励问题与模型构建[J]. 软科学，2016，30（5）：114-118.

[254] 曹启龙，周晶，盛昭瀚. 基于声誉效应的PPP项目动态激励契约模型[J]. 软科学，2016，30（12）：20-23.

[255] 曹启龙，盛昭瀚，周晶. 激励视角下PPP项目补贴方式研究[J]. 科技管理研究，2016（14）：228-233.

[256] 唐祥来，刘晓慧. 新常态下PPP投资的约束与激励——来自中国水业的证据[J]. 财贸研究，2016（6）：92-101.

[257] 戈岐明，孔繁成. 基础设施公私合作（PPP）模式的税收激励研究[J]. 理论月刊，2017（3）：119-123.

[258] 吴孝灵，周晶，王冀宁，等. 依赖特许收益的PPP项目补偿契约激励性与有效性[J]. 中国工程科学，2014，16（10）：77-83.

[259] 赵鹏. 项目收益债券在PPP项目中的应用研究[D]. 重庆：重庆大学，2016.

[260] 孙燕芳. PPP项目控制权与现金流权配置问题研究[D]. 天津：天津大学，2014.

[261] 黄思雄，梁舰，何饶. PPP模式下的项目融资担保结构设计[J]. 中国财政，2017（6）：41-42.

[262] 苏东水. 产业经济学[M]. 北京：高等教育出版社，2000.

[263] 张维迎. 博弈论与信息经济学[M]. 上海：上海三联书店、上海人民出版社，

1996.

[264] 江能. 博弈论理论体系及其应用发展述评[J]. 商业时代, 2011(2): 91-92.

[265] 黄韬, 易宪容. 博弈论: 概念创新与体系建立——14年诺贝尔经济学奖获得者的思想介绍[J]. 数量经济技术经济研究, 2013(5): 75-80.

[266] 汪贤裕, 苏应生. 博弈论思想及其在经济领域的运用[J]. 人民论坛, 2013(1)中: 68-69.

[267] 王颖林, 刘继才, 高若兰. 基于互惠及风险偏好的PPP项目政府激励研究[J]. 建筑经济, 2016(7): 54-57.

[268] 王颖林, 刘继才, 赖芨宇. 基于投资方投机行为的PPP项目激励机制博弈研究[J]. 管理工程学报, 2016, 30(2): 223-232.

[269] 曹启龙, 盛昭瀚, 周晶, 等. 契约视角下PPP项目寻租行为与激励监督模型[J]. 科学决策, 2015(9): 51-67.

[270] 金水祥. 从中国PPP发展历程看未来[EB/OL]. https://opinion.caixin.com/2014-08-01/100712038.html.

[271] 苏亮瑜, 罗剑. PPP在中国的发展历程[EB/OL]. https://epaper.stcn.com/att/201505/25/20150525A008_pdf.

[272] 赵晔. 我国PPP项目失败案例分析及风险防范[J]. 地方财政研究, 2015(6): 52-56.

[273] S Ye, RKL Tiong. Government support and risk-return trade-off in China's BOT power projects[J]. Engineering Construction & Architectural Management, 2000, 7(4): 412-422.

[274] WBPPI数据库最新公报[EB/OL]. http://ppi.worldbank.org/.

[275] 大岳咨询. 世界银行PPP专题业务组访问大岳咨询公司[EB/OL]. www.dayue.com/templates/T_Second/index.aspx?contentid=2302&nodeid=50&page=ContentPage.

[276] 全国PPP综合信息平台项目库第9期季报. 2018-01-26[EB/OL]. http://www.cpppc.org/jb/1341.jhtml.

[277] 李萱. 中国PPI项目量远超其他中等收入国家[N]. 中国经济导报, 2015-04-28.

[278] Z Cheng, Y Ke, J Lin, et al. Spatio-temporal dynamics of Public Private Partnership projects in China[J]. International Journal of Project Management, 2016, 34(7): 1242-1251.

[279] 郭上. 北京地铁四号线PPP模式案例分析[J]. 中国财政，2014（9）：32-33.

[280] 史丁莎. WTO《政府采购协议》谈判背景下我国PPP项目利用外资问题研究[J]. 宏观经济管理，2017，3：48-55.

[281] 邓小鹏. PPP项目风险分担及对策研究[D]. 南京：东南大学，2007.

[282] 发展改革委. 外商投资产业指导目录（2017年修订）[EB/OL]. http//www.gov.cn/xinwen/2017-06/28/content_5206424.htm.

[283] 柯永健. 中国PPP项目风险公平分担[D]. 北京：清华大学，2010.

[284] 王皓良. 城市PPP投资评级指数研究及应用初探[J]. 地方财政研究，2015（8）：9-14.

[285] 刘勇，等. 基础设施PPP项目评价与立项决策的再思考——基于PPP模式的国际实践经验[J]. 科技管理研究，2015，8：185-190.

[286] 刘晓凯. 全球视角下的PPP：内涵、模式、实践与问题[J]. 国际经济评论，2015（4）：53-67.

[287] 吕敏，廖振中. 税收中性视野下PPP的税收制度嵌入路径[J]. 税务研究，2017-05-01.

[288] Mohan. Therapy by design: evaluating the UK hospital building program[J]. Health & Place, 2004, 10(2): 117.

[289] 晓询. PPP等四大热点引关注[N]. 中国招标，2017-06-13.

[290] 郑传军. 特许经营与PPP的比较：国际经验和中国实践研究[J]. 国际经济合作，2017，1：82-90.

[291] 王洁. PPP的全球发展与经验启示[N]. 中国政府采购，2014-08-20.

[292] Andreas Kappeler, Mathieu Nemoz. Public-private Partnerships in Europe——Before and During the Recent Financial Crisis [EB/OL]. Economic & Financial Reports, 2010.

[293] Treasury HM. Value for money assessment guidance[EB/OL]. London: HM Treasury, 2006.

[294] Chris Clifton, Colin F. Duffield.Improved PFI/PPPservice outcomes through the integration of Alliance principles[J]. International Journal of Project Management, 2006(24): 573-586.

[295] Istemi S Demirag, Iqbal Khadaroo, Pamela Stapleton. A changing market for PFI financing: Evidence from the financiers[C]. Article in Accounting Forum, 2015.

[296] Carter Casadya, Darragh Flanneryb, Rick Geddesc, et al. PPP Procurement in Canada: An Economic Analysis[C]. 21st IRSPM Conference, Budapest, 2017(4): 19-21.

[297] 王天义，等. PPP的国际镜鉴与启示[J]. 重庆社会科学，2016（10）: 18-24.

[298] Eduardo Engel, Ronald D. Fischer, Alexander Galetovic. The Economics of Public Private Partnerships[M]. Cambridge: Cambridge University Press, 2014.

[299] 裴俊巍，曾志敏. 地方自主与中央主导：国外PPP监管模式研究[J]. 中国行政管理，2017（3）: 151-156.

[300] 苏华. PPP模式的反垄断问题与竞争中立——基于美国路桥基础设施建设项目的分析[J]. 技术经济合作，2016（9）: 76-83.

[301] Stefano Caselli. Public Private Partnerships for Infrastructure and Business Development[M]. Basingstroke: Palgrave Macmillan Press, 2015.

[302] Bureau Credit Programs Guide_March_2017[EB/OL]. https://www.transportation.gov/buildamerica/programs-services/tifia.

[303] US Department of Transportation. Successful Practices for P3s: A review of what works when delivering transportation via public-private partners[R]. 2016.

[304] 裴丽. 英国PPP模式管制实践中的制度贡献[J]. 新视野，2017（5）: 116-122.

[305] David Martimort, Jerome Pouyet. To build or not to build: Normative and positive theories of public–private partnerships[J]. International Journal of Industrial Organization, 2008(26): 393-411.

[306] 陈丁. 高管团队薪酬差距与企业绩效、产品市场竞争[M]. 北京：中国社会科学出版社，2014.

[307] 仇荣国. 基于古诺模型的银行市场分析[J]. 征信，2014（1）: 78-81.

[308] Salop SC, Scheffman D. Raising Rivals' Cost[J]. Americon Economic Review，1983(73): 267-271.

[309] Boone J. Competitive Pressure: The Effects on Investments in Product and Process Innovation[J]. The Rand Journal of Economics, 2000, 31(3): 549-569.

[310] Grossmann V. Firm Size, Productivity, and Manager Wages: A Job Assignment Approach[J]. The Berkeley Electronic Journal of Theoretical Economics, 2007, 7(1): 1-39.

[311] Van Reenen J. Does Competition Raise Productivity through Improving Management Quality?[J]. International Journal of Industrial Organization, 2011, 29: 306-316.

[312] 胡振，等. 服务购买型BOT项目特许经营期的计算模型[J]. 预测，2010，29（6）：43-47.

[313] 胡振，王秀婧，刘华. 服务购买型公私合作（PPP）项目财政补偿的有效区间研究[J]. 建筑经济，2013（3）：93-96.

[314] 张芳. 收益不确定条件下混合融资PPP项目特许期的计算方法研究[D]. 青岛：青岛大学，2016.

[315] 丁志坤，朱梦炼，宋义勇. 基于改进"四阶段法"的高速公路交通量预测研究[J]. 重庆交通大学学报（自然科学版），2017，36（5）：86-90.

[316] 罗桂连. 资产证券化视角下的PPP项目融资要点[J]. 当代金融家，2017（4）：42-45.